# *Repression und Widerstand*

Monika Maron im Literatursystem der DDR

von

Christian Rausch

Tectum Verlag
Marburg 2005

Coverabbildung:
Zeichnung von Stefanie Anna Rausch

**Rausch, Christian:**
Repression und Widerstand.
Monika Maron im Literatursystem der DDR.
/ von Christian Rausch
- Marburg : Tectum Verlag, 2005
ISBN 978-3-8288-8897-5

© Tectum Verlag

Tectum Verlag
Marburg 2005

# Vorwort

Monika Maron ist eine der bekanntesten Schriftstellerinnen der jüngeren DDR-Generation. Mit ihrem Roman-Debüt Flugasche verdiente sie sich Achtung im westdeutschen Feuilleton, einige weitere Bestseller folgten. Maron hat in ihren Werken immer wieder dem Realsozialismus ihres Staates den Kampf angesagt, und vielen Lesern beider deutscher Staaten galt sie lange als eine Vorzeige-Dissidentin. Als dann Details aus Marons Stasi-Akten bekannt wurden, kämpfte sie in eben diesen westdeutschen Feuilletons um ihren Ruf.

Die Wogen haben sich seither geglättet. Dennoch hat meines Wissens bislang niemand versucht, die Werke Monika Marons aus dieser neuen Perspektive zu beleuchten. Dabei liest sich manches überraschend anders, vieles wird erst verständlich und nachfühlbar durch den besonderen, biografischen Aspekt des Kampfes um Öffentlichkeit.

Eine umfassende wissenschaftliche Arbeit über das Gesamtwerk eines noch lebenden Schriftstellers bringt manche Probleme mit sich. Zunächst macht die Tatsache Schwierigkeiten, dass der Schriftsteller eben noch lebt. Zu dem bisher Veröffentlichten kann noch manches hinzukommen, das so gar nicht in das Deutungsmuster des bisherigen passt. In meinem Fall konnte dieses Problem umschifft werden, indem ich den Gegenstand meiner Untersuchung auf die Veröffentlichungen vor der Wiedervereinigung beschränkte, mit zwei Ausnahmen: *Stille Zeile Sechs* erschien erst 1991, wurde aber schon zu DDR-Zeiten konzipiert und gehört inhaltlich entschieden in den Themenkreis des Widerstands. *Pawels Briefe* schließlich wurde erst 2001 veröffentlicht, nachdem längst auch die Stasi-Mitarbeit Marons bekannt geworden war. Hier entwirft sie eine Familienchronik und kommt auch auf die Stasi zu sprechen. Es handelt sich also auch um einen literarischen Erklärungsversuch.

In Anbetracht der Tatsache, dass bis heute noch keine Biografie Marons vorliegt und auch sonst wenig Wissenschaftliches verfügbar ist, bleibt üblicherweise nur die werkimmanente Würdigung. Ich habe hier aber einen anderen Weg eingeschlagen und mich für einen biographistischen Ansatz entschieden, für den auch erstmals Teile ihrer Stasi-Akten verwendet wurden.

Im Mittelpunkt der Arbeit steht Marons Lebenssituation im Spannungsverhältnis zwischen Repression und Widerstand. In diesem Buch soll der Kampf um Marons Identität und schriftstellerische Existenz beschrieben werden. Wie aus Systemzweifel und Selbstfindung Widerstand und Selbstbehauptung, der Kampf um die eigene Authentizität und schließlich das Widerstands-Werk der Monika Maron entstanden, wird auf den folgenden Seiten beschrieben.

# Inhaltsverzeichnis

| | | |
|---|---|---|
| 1 | Einleitung | 9 |
| 2 | Kulturpolitik im Literatursystem der DDR | 13 |
| | 2.1 Das Literatursystem | 14 |
| | 2.2 Institutionen des Literatursystems und ihre Steuerung | 16 |
| | 2.3 Sicherungsbereich Literatur | 24 |
| | 2.4 Einbindung Monika Marons in die Stasi | 32 |
| | 2.5 Eröffnung des Operativen Vorgangs *Wildsau* | 44 |
| 3 | Monika Marons Kampf um Öffentlichkeit | 49 |
| | 3.1 Regimekritik und Selbstverständnis | 51 |
| |     3.1.1 Marons Vorbedingungen für ihre kritische Einstellung zum Staat | 52 |
| |     3.1.2 Marons Kritik an Führung und System der DDR | 60 |
| |     3.1.3 Das Urteil der Stasi | 79 |
| | 3.2 Der Kampf um die Publikation von Flugasche | 83 |
| | 3.3 Die Bekämpfung des Literatursystems und ihre Bedeutung für die Textproduktion | 90 |
| | 3.4 Die Übersiedlung nach Hamburg | 104 |
| | 3.5 Reflexion und Identität | 106 |
| 4 | Nachbetrachtung | 113 |
| | Abkürzungsverzeichnis | 115 |
| | Literaturverzeichnis | 117 |
| |     Primärliteratur | 117 |
| |     Sekundärliteratur | 119 |

# 1 Einleitung

Monika Maron ist eine ‚Wende-Schriftstellerin'. Sie hat nicht nur die deutsche Wiedervereinigung literarisch begleitet, sondern ist auch von persönlichen ‚Wendepunkten' stark geprägt.

Einen ersten solchen Wendepunkt erreichte sie, als sie als systemkonform erzogene Stieftochter eines hohen Parteifunktionärs mit dem DDR-Regime brach und fortan Widerstand leistete.

Den zweiten markierte die Entscheidung, als Konsequenz ihres Kampfes gegen den Staat schließlich in die BRD überzusiedeln. Nach dem Mauerfall machte sich Maron, im Gegensatz zu vielen ihrer Landsleute, wieder auf den Weg von West nach Ost. Diese gesamtdeutsche ‚Wende' war auch die Frucht ihres persönlichen Widerstands. Monika Maron steht mit ihrer Biografie für die umwälzenden Veränderungen in Ostdeutschland und für den ‚Glaubenskampf' zwischen der DDR-Generation der Gründer und der ihrer Kinder.

Maron verfasste in der DDR mehrere kritische Romane und Theaterstücke, die zum Druckverbot und der Verfolgung der Schriftstellerin durch den Geheimdienst der DDR führten. Diese Arbeit versucht, die Besonderheiten dieses Spannungsfeldes aus Repression und Widerstand darzustellen und den Hintergrund für Marons Veröffentlichungen zur DDR-Zeit verständlich zu machen. So beschränkt sich die Darstellung des Œuvres und der Lebensgeschichte Marons auf die Zeit bis zur deutschen Wiedervereinigung. Leider wurde einer Gegenüberstellung ihres Werks und ihres Selbstbildes in der Forschungsliteratur bislang nur wenig Aufmerksamkeit gewidmet, obwohl sich diese Zusammenschau gerade bei Maron anbietet, wie diese Arbeit beweisen will.

Der erste Hauptteil zeigt Monika Marons Einbindung in das Literatursystem. Die vielfältigen Einflussmöglichkeiten des Staates auf dessen Institutionen werden verdeutlicht. Damit wird der Druck veranschaulicht, den der Staat auf Schriftsteller ausübte.

Im zweiten Hauptteil ist Marons Reaktion auf diesen Druck dargestellt. Chronologisch geschahen Provokation und Sanktion in direkter Antwort auf einander und bildeten ein Spannungsfeld, in dem Marons systemkritisches Werk entstand und das schließlich auch zur Entscheidung beitrug, die DDR zu verlassen.

Da nur sehr wenig Forschungsliteratur vorhanden ist, wird eine Darstellung der Autorin angestrebt, die sich vor allem an Monika Marons Selbstbild und Selbstdarstellung orientiert. Aber auch Marons Einschätzung durch das Ministerium für Staatssicherheit (MfS) soll in Form von Stasi-Aktenvermerken herangezogen werden und das Bild der Autorin von einer anderen Perspektive beleuchten. Die dritte Perspektive auf Monika Maron bietet das westdeutsche Feuilleton.

Diese drei subjektiven und sehr unterschiedlichen Perspektiven sollen einen möglichst vielschichtigen Eindruck vermitteln und zugleich den Kampf um Öffentlichkeit darstellen, der Marons Werk bis zum Ende der DDR bestimmt. Hierbei wird es besonders wichtig sein, die angeführten Belege sowohl zeitlich als auch gemäß ihrer Herkunft differenziert zu betrachten. Deshalb sind die Belege aus Marons Texten im Kurztitel, die Sekundärquellen und Forschungsliteratur mit Verfassernamen und die Quellen aus dem MfS mit Aktenzeichen vermerkt. Zu betonen ist außerdem, dass bewusst narrative Belege aus Marons Texten zitiert werden. Auch autobiografische Quellen (wie die veröffentlichte Familiengeschichte *Pawels Briefe* oder Essays) und nicht narrative, wie Interviews, werden eingebracht. Diesen Quellen ist zumindest ein subjektiver Charakter gemein, der auf der Selbstdarstellung der Autorin beruht und auch so bewertet werden muss.

Überdies ist der Arbeit ein Abkürzungsverzeichnis angefügt, das als Lese- und Verständnishilfe besonders für die im Stasi-Jargon gebräuchlichen Kürzel dienen soll.

Für diese Arbeit ergibt sich ein besonderes Problem bezüglich der Quellenlage: Über Monika Maron ist praktisch kein biografisches Material vorhanden. Jenseits der wissenschaftlichen Schriften, die sich mit ihren Texten selbst beschäftigen, gibt es kaum Quellen über Marons Leben, außer jenen von ihr selbst. Während der Recherche wurde offenbar, dass auch die wissenschaftliche Literatur sich bereitwillig und unkritisch an Marons eigener Darstellung ihres Lebens bedient. Auch vielfach belegte Informationen über Marons Leben können so ihrer Selbstdarstellung entnommen sein. Dies widerspricht dem wissenschaftlichen Charakter der Arbeiten, wirft aber gleichzeitig die Frage auf, wie objektiv literaturwissenschaftliche Arbeiten über die Lebensumstände zeitgenössischer Schriftsteller überhaupt verfasst werden können.

Leider war es aus formaljuristischen Gründen nicht möglich, die ‚Opferakten' Marons für diese Arbeit zu benutzen. Hier besteht eine gesetzliche Einspruchsfrist Marons, die noch andauert. Diese ‚Opferakten' des Operativen Vorgangs (OV) *Wildsau* machen den größten Teil aller im Ministerium für Staatssicherheit geführten Akten über Maron aus und geben unter anderem Aufschluss über die Maßnahmen des MfS gegen Maron. Die Arbeit muss sich also auf die ‚Täterakten' ihrer MfS-Mitarbeit beschränken, deren Herausgabe seitens des „Bundesbeauftragten für die Unterlagen des Staatssicherheitsdienstes der ehemaligen Deutschen Demokratischen Republik" (BStU, *Birthler-Behörde*) keine Schwierigkeiten macht.

## 2  Kulturpolitik im Literatursystem der DDR

Die Literaturlandschaft der DDR war von der Westdeutschlands grundverschieden.

Die häufig aufgeworfene Frage, ob DDR-Literatur denn eine eigene Literatur sei und wie man sie werten solle, wurde solange kontrovers diskutiert, wie es die DDR gab (und mit ihr einen Reibungspunkt, mit dem sich die bundesdeutsche Literaturbranche auseinandersetzen musste). In den letzten Jahren allerdings ist diese Diskussion in den Hintergrund geraten, und ehemalige DDR-Autoren wurden einer gesamtdeutschen Literaturszene ‚einverleibt'. Die Diskussion, ob DDR-Literatur eine eigene Nationalliteratur war, gilt vielerorts aufgrund des Scheiterns des ostdeutschen Staates bereits als historisch. Damit allerdings bleibt sie ungeklärt – oder ist vielmehr schon stillschweigend entschieden: Die Auseinandersetzung ist abgebrochen, die Literatur assimiliert.

Eine Folge ist das größer werdende Interesse an den DDR-Autoren, deren Bücher sich mit für den Westen relevanten Fragestellungen beschäftigen. So erfreuen sich etwa Autoren, die das westliche Klischee vom DDR-Dissidenten bedienen, wachsender Beliebtheit, und in manchem unpolitischen Text sucht der heutige Leser Anzeichen für Dissidententum und Staatskritik, um die Literatur seinem vereinfachten Bewertungsschema entsprechen zu sehen. Was bei dieser Entwicklung leider völlig verloren geht, sind all die anderen Fragestellungen, die für die DDR wichtig waren und von ihren Autoren thematisiert wurden. Dies geschieht, weil wir die DDR-Literatur verstärkt in unseren westdeutschen Erfahrungshorizont einordnen und mit westdeutscher Literatur vergleichen. Es ist zu vermuten, dass man dem spezifischen Schaffen der Literaturszene und den besonderen Lebensbedingungen der Menschen weitaus besser gerecht würde, wenn die DDR-Literatur als eigenständige Literatur, die DDR als eigenständiger Kulturraum wahrgenommen würde.

Marcel Reich-Ranicki beschäftigte sich schon lange vor der Wende mit der Literatur aus Ostdeutschland und war sich auch des Problems ihrer Wertung bewusst. Im Vorwort des von ihm herausgegebenen Aufsatz-Bandes *Ohne Rabatt. Über Literatur aus der DDR* schrieb er:

> Im Vorwort zu der Anthologie von 1960 mußte ich darauf hinweisen, daß es zeitgenössische deutsche Schriftsteller gibt, die man an der Wolga und an der Weichsel besser kennt, als am Rhein und Main.' [...] der Kritiker durfte nicht davon absehen, daß Literatur jenseits der Elbe nur unter Bedingungen entstehen konnte, die sich von jenen in der Bundesrepublik gravierend unterschieden. Und ein Wort wie „Zensur" reichte hier nicht aus, um zu erklären, was sich das westliche Publikum damals kaum vorstellen konnte.[1]

## 2.1 Das Literatursystem

Die Literaturlandschaft der DDR kann man durchaus als ein systematisch organisiertes und vor allem dem Staate dienstbares Gebilde betrachten, eben als ein ‚Literatur – System'. Die verschiedenen Institutionen dieser Literaturlandschaft, seien es solche der Produktion, der Verwaltung oder Veröffentlichung von Literatur, waren alle staatlich gelenkt und zudem von verdeckten Mitarbeitern des MfS überwacht.

Dies alles diente der Kontrolle des einzigen Faktors, der nicht zentral gelenkt werden konnte und doch erhebliches Gefahrenpotenzial für das Regime barg, der autonomen Kreativität des Schriftstellers.

Hierdurch wird eines der Kernprobleme der Literaturlandschaft der DDR deutlich: Das ‚Literatursystem' im Luhmannschen Sinne[2] ist ein autonomes System, dessen immanentes Bewertungsschema (in Form

---

[1] Reich-Ranicki, S.11.
[2] Der Begriff „Literatursystem" kann auch im Sinne des Soziologen Niklas Luhmann verwendet werden, der in seinem Buch *Soziale Systeme* versucht, etwa Kunst oder Politik mit Hilfe der Systemtheorie zu erfassen. Diese medien- oder literaturtheoretische Verwendung des Begriffs wird hier aber nur der Vollständigkeit halber erwähnt und ist für die weitere Verwendung des Begriffs in dieser Arbeit nicht von Bedeutung.

seiner binären „Codierung"³) das einzige Kriterium für seine Erzeugnisse bildet. Durch das Phänomen der „Autopoiesis" („Selbstrereferenz")⁴ bringt die Literatur nach ihren eigenen Gesetzmäßigkeiten Literatur hervor. Eine inhaltliche Einmischung eines fremden Systems wie der Politik in die Literaturproduktion ist nicht vorgesehen, das entstehende Erzeugnis ist möglicherweise nicht Literatur. Aufgrund dieser Überlegungen ist abzuwägen, wann ein politisch motiviertes Schreibverbot schon einen Eingriff in den Prozess der literarischen Selbstreferenz bedeutet und das Kunstwerk entfremdet.

Dass eine solche künstlerisch autonome Literatur im Umkehrschluss auch Einflusslosigkeit bedeutet⁵, zeigt, dass die DDR-Literatur nicht autonom funktioniert haben kann. Der Einfluss der regimekritischen Literatur war in der Staatsführung gefürchtet, weshalb die Literaturlandschaft systematisch vom MfS überwacht wurde.

Um die Literatur der DDR einordnen und verstehen zu können, ist es von großer Wichtigkeit, sich über ihre Produktionsbedingungen bewusst zu werden. Die Literaturlandschaft der DDR stellte ein System dar, welches sich fast vollständig unter der Kontrolle des Staates befand. Selbst das Papier für den Druck der Neuauflagen wurde nach gesonderter Genehmigung zentral bestellt.⁶ Die Planwirtschaft regelte selbst diesen Bereich der Buchproduktion, die in der BRD so selbstverständlich von der Nachfrage des Lesers bestimmt wird. Literatur, die nicht den Gesetzen des Marktes, und somit auch der Leserschaft, sondern dem Staat und seiner Selbstdarstellung unterworfen war, musste von der bundesdeutschen grundverschieden sein. Das Fehlen der Balance von Angebot und Nachfrage im Literaturprozess war aber nicht das einzige

---

3   Luhmann, S.602.
4   ebd., S.57.
5   vgl. Schneider, S.231.
6   vgl. Walther, S.39. Joachim Walther hat sich nach der Wiedervereinigung intensiv mit der Zensur in der DDR, dem Literatursystem und dem Stasiakten-Nachlass beschäftigt. In seinem Buch „Sicherheitsbereich Literatur" gelang ihm eine Aufarbeitung der Geschichte dieses Machtapparats, die nachfolgend wiederholt zitiert wird.

Problem der DDR-Literaturszene. Zusätzlich wurde die geistige Unabhängigkeit der Autoren durch vielfache Zensur und Tabus eingeschränkt. Autoren wurden konsequent gefördert, wenn sie dem Staat und seiner Politik freundlich gesinnt waren. Falls sie den Staat aber kritisierten, wurden sie ausgegrenzt und ihre Werke schlicht nicht veröffentlicht.

Das Ministerium für Staatssicherheit hatte die gesamte literarische Szene gezielt unterwandert und setzte effektive Repressionen ein, wo immer ein Literaturschaffender als nicht ‚überzeugt' galt. Viele Autoren waren außerdem selbst Mitarbeiter der Stasi, schrieben somit meist systemkonform und berichteten dem Geheimdienst über ihre Kollegen.

Dissidenten oder solche, die im Verdacht standen, „pluralistischem Gedankengut" anzuhängen, mussten oftmals „für die Schublade" schreiben, konnten also nichts veröffentlichen und keine Resonanz auf ihr Schaffen, keine Selbstbestätigung erlangen, die ihren angepassten Kollegen überschwänglich zuteil wurde. Viele wurden psychisch ‚zersetzt', andere ausgewiesen, wie man es mit dem Liedermacher Wolf Biermann machte. Einigen gelang es aber doch, zu veröffentlichen – freilich nicht in der DDR, aber im „Nichtsozialistischen Westen" (NSW), was in der DDR unter Strafe stand und auch nicht selten geahndet wurde.

Dergestalt war das Schreiben in der DDR oftmals von Tabus und Repressionen geprägt, und der kritische Autor rang nicht nur mit den Sätzen, sondern auch mit den Organen des Staates, nicht selten kriminalisiert, manchmal gar auf der Flucht.

## 2.2 Institutionen des Literatursystems und ihre Steuerung

Die Literaturlandschaft der DDR beruhte wesentlich auf staatlicher Förderung. Wo der Staat nicht offiziell auftrat, tat er es oft verdeckt, vor allem durch das MfS und dessen Informanten. So war die Kontrolle des Staates über seine publizierenden Intellektuellen beinahe total. Für diese Kontrolle setzte der Staat vor allem auf einige zentrale Institutionen.

Der Staat begann schon bei der Ausbildung seiner Autoren mit deren Beeinflussung und Erziehung. Begabte Nachwuchstalente wurden beispielsweise auf besondere Schulen geschickt, um in ihren Fähigkeiten gezielt gefördert zu werden. Die bekannteste dieser Schulen war das **Institut für Literatur Johannes R. Becher**[7].

Eröffnet 1955 nach dem Vorbild des sowjetischen Literaturinstituts *Maxim Gorki*, war es schon zu Beginn ein Zankapfel der Kulturpolitik der DDR. Selbst der damalige Kulturminister Johannes R. Becher konnte durch seinen Protest[8] die Gründung nicht verhindern.[9] Nach seinem Tod 1958 wurde das Institut gar nach seinem Namen umbenannt.

Was Becher allerdings erreichte, war eine Abkehr vom ursprünglichen Plan, das Institut in Berlin unterzubringen: Es wurde in Leipzig eröffnet.

Die Gründung des Instituts wurde auf dem IV. Parteitag der SED 1954 beschlossen. Walter Ulbricht wollte mit der Gründung einen kulturellen der Aufbauarbeit der folgenden Jahre setzen:

> In der Literatur brauchen wir neue volkstümliche Werke, die noch mehr als bisher den Kampf um die Wandlung der neuen Menschen in unserer Arbeiterklasse, der werktätigen Bauernschaft und der Intelligenz darstellen, daß [sic!][10] heißt, die zu gestalten verstehen, unter welchen oftmals harten Widersprüchen, Klassenkämpfen und menschlichen Konflikten unser Aufbau einen Sieg erringt.[11]

---

[7] Neben den nun erwähnten Institutionen existierten noch eine Reihe weiterer mit zentraler Bedeutung für den Bereich Literatur, wie das Ministerium für Kultur und das Zentralkomitee der SED, die hier aber nicht weiter beschrieben werden.

[8] Becher hielt derartige Vorhaben für „hyperformalistische Retortenexperimente". vgl. Deppe, S.64.

[9] ebd.

[10] Einige nachfolgend häufiger zitierte Texte weisen eine große Zahl von Interpunktions- und anderen Fehlern auf. Ich werde mich daher darauf beschränken, nur die auffälligen oder sinnentstellenden Fehler in den Zitaten mit [sic!] zu kennzeichnen.

[11] ebd., S.65.

Durch diese Vorgabe wurde deutlich, dass das Becher-Institut nicht nur, wie es gern behauptete, „literarische Meisterschaft"[12] vermitteln wollte, sondern ebenso sehr ideologische Schwerpunkte im Schaffen seiner Absolventen zu setzen hatte. Das Institut war also auch eine Schule der ideologischen Gesinnung ostdeutscher Literaten. Zum Zeitpunkt seiner Gründung erklärten sich fast alle bekannten Schriftsteller der DDR zur Zusammenarbeit bereit, was auch bedeutete, etwa Gastdozenturen zu übernehmen. Und obwohl die Mitarbeit in den ersten Jahren deutlich verhaltener ausfiel als vorher angekündigt, machte sich das Institut im Laufe der Zeit einen Namen, nicht zuletzt dank seiner prominenten Professoren.

„Von den Absolventen konnte sich jeweils nur ein geringer Teil als Schriftsteller profilieren."[13] Exmatrikulationen aus politischen Gründen waren nicht selten, und selbst Dozenten wurden gemaßregelt. Insgesamt aber galt das Institut vergleichsweise als eine „Insel der Liberalität"[14], besonders unter der Präsidentschaft von Max Walter Schulz (1964-1983). „Er manövrierte die Hochschule aus dem politischen Blickfeld"[15], und so konnte manches frei gesagt werden, solange es nur hinter den Mauern der Anstalt blieb und nicht nach draußen drang.

Seit der *1. Bitterfelder Konferenz*[16] im April 1959 änderte sich auch das Lehrprogramm des Becher-Instituts. Das sogenannte „Laienschaffen"[17] (der Versuch, Arbeiter zum Schreiben zu bringen) gewann Bedeutung, und man versuchte, durch Praktika in Betrieben und Produktionsstätten den Studierenden der mittlerweile zur Hochschule aufge-

---

[12] Deppe, S.63.
[13] Walther, S.44.
[14] Deppe, S.67.
[15] ebd.
[16] Der Bitterfelder Weg war ein Programm zur Entwicklung einer „sozialist. Nationalkultur" in der DDR, propagiert auf der ‚1. Bitterfelder Konferenz' (1959). Der Bitterfelder Weg künstlerischer Handschriften scheiterte, obwohl die Kampagne von der SED – auch materiell – massiv unterstützt wurde. Er brachte allerdings einen Aufschwung der Laienkunst in der DDR („Arbeiterfestspiele"). vgl. Brockhaus, Bd.3, S.293.
[17] Deppe, S.67.

stiegenen Anstalt eine künstlerische Nähe zur Arbeiterschicht zu vermitteln. Gleichzeitig wurden auch Fernstudiengänge für ‚dichtende Arbeiter' angeboten.

Hier wurden also auf Wunsch der Partei die Fundamente für eine ‚Arbeiter- und Bauern- Literatur' gelegt, die dem staatlichen und ideologischen Neuanfang einen literarisch- kulturellen anbei stellen sollte.

Das Studium am ‚Institut für Literatur Johannes R. Becher' erfolgte über Stipendien. Absolventen des Literaturinstituts waren bei den Verlagshäusern gefragt, das Becher-Institut war eine Art literarisches Markenzeichen, das dem Verleger schon signalisierte, dass dieser Autor höchstwahrscheinlich parteitreu und problemlos zu verlegen sei.

Ein anderes ‚Gütesiegel' für Autoren war der **Schriftstellerverband der DDR (SSV)**. Er wurde 1950 zunächst als „Deutscher Schriftstellerverband im Kulturbund zur demokratischen Erneuerung Deutschlands"[18] gegründet und war eine nationale Einrichtung mit Zentralvorstand einerseits, aber ebenso regional in Bezirksverbände gegliedert. Seine Mitglieder wurden nach einem Antrag auf Aufnahme gewählt. Aufgabe des SSV war es unter anderem, eine umfassende Infrastruktur zur Organisierung der Schriftsteller zu bieten. Er hatte aber vor allem die nützlichen Effekte, einerseits den ihm angehörenden Autoren, Übersetzern, Herausgebern, Literaturkritikern, Literaturwissenschaftlern usw. eine Möglichkeit zur scheinbaren Selbstorganisation zu bieten, andererseits möglichst weitgehenden Einfluss von zentraler Stelle auf sie ausüben zu können. Der Verband war verantwortlich für Buchbasare, Lesungen, Nachwuchsförderung, Stipendien und die jährlich stattfindende *Woche des Buches*.[19]

Durch seine zentrale und umfassende Struktur, die die meisten Autoren einbezog, eignete er sich ideal zur Einschleusung von Mitarbeitern des MfS und zur Werbung von Kontaktpersonen, die besonders in den Führungspositionen eng mit dem MfS zusammenarbeiteten.

---

[18] Walther, S.42.
[19] ebd., S.43.

Die Aufnahme in den SSV wurde seit 1981 von der Partei direkt gegen unliebsame Schriftsteller instrumentalisiert: In der „Konzeption zur Arbeit mit jungen schreibenden und anderen am Schreiben interessierten Bürgern" legte das Sekretariat des Zentralkomitees (ZK) der SED am 11. November Folgendes fest:

> Die gegenwärtig vorhandenen gesetzlichen Grundlagen zur Erlangung der Berufsbezeichnung ‚Schriftsteller' sind zu überprüfen und neu festzulegen. (Der Beruf des Schriftstellers ist z.Z. nicht gesetzlich geschützt). Dabei sollte davon ausgegangen werden, daß sich künftig als Schriftsteller nur bezeichnen kann, wer den Nachweis erbringt, daß er diese Tätigkeit auf der Basis einer Kandidatur im Schriftstellerverband bzw. einer vertraglichen Bindung zu einem Verlag, einer Redaktion bzw. an Massenmedien der DDR ausübt. In Fällen, wo diese Voraussetzungen nicht gegeben sind, müssen die betreffenden Personen auf der Grundlage der bestehenden Gesetze durch die jeweiligen Ämter für Arbeit und Löhne geregelten Arbeitsverhältnissen zugeführt werden.[20]

Den nicht konformen Schriftstellern, die nicht in der DDR verlegt werden durften und denen aufgrund ihrer Texte oft auch die Aufnahme in den Schriftstellerverband verwehrt wurde, konnte somit eine anerkannte Arbeit aufgezwungen werden, was ihre Zeit und Energie für ihre unliebsamen Texte minimieren sollte.

Eine Sonderrolle in dieser Landschaft nahm das *PEN-Zentrum der DDR* ein. Angegliedert an die Dachorganisation des *Internationalen PEN-Zentrums*[21] war es nicht nur eine Institution mit internationalen Ver-

---

[20] SAPMO-BA, ZPA, J IV 2/3/ 3295, Bl.47-50. Zitiert nach: Walther, S.112.
[21] vgl. Brockhaus, Bd.16, S.688: „P.E.N.[...] Abk. Für engl. poets („Lyriker"), playwrights („Dramatiker"), essayists („Essayisten"), editors („Herausgeber"), novelists („Romanschriftsteller") [...] internat. Schriftstellervereinigung [...] tritt für weltweite Verbreitung aller Literatur, für ungehinderten Gedankenaustausch auch in Krisen- und Kriegszeiten ein; die Mitgl. verpflichten sich zur Bekämp-

flechtungen, sondern gar eine mit Westbindung. (Die internationale Zentrale des PEN ist in London. Der DDR-PEN ging überdies aus einer Spaltung der vormals gesamtdeutschen Gründung hervor.) Umso wichtiger war es, möglichst regimetreue Mitglieder als Repräsentanten zum internationalen PEN-Zentrum zu schicken. Diese PEN-Spitzenfunktionäre waren also meist Parteimitglieder.[22]

Joachim Walther schreibt in seinem Buch *Sicherungsbereich Literatur*, in dem er sein Aktenstudium der MfS-Bestände dokumentiert, über den PEN: „Es war eine exklusive, geschlossene Gesellschaft" und fügt hinzu: „Gewähltes Mitglied des DDR-PEN war ab 1987 auch der Oberzensor der DDR, Klaus Höpcke: ein evidenter Verstoß gegen die PEN-Charta."[23]

Auch **die Verlage der DDR** waren von großer Bedeutung für das Literatursystem. Vor allem durch sie nahm der Staatssicherheitsdienst nachhaltig Einfluss. Sie mussten das jeweilige Jahresprogramm ihrer Veröffentlichungen mit der *Hauptverwaltung [kurz: HV] Verlage und Buchhandel* besprechen, die nach Erteilung der Genehmigung mit ihrem Stempel erst den Druck der Bücher ermöglichte.

Offiziell gab es keine **Zensur in der DDR**. Diese war nach der Verfassung sogar implizit verboten. Dort heißt es nämlich:

> (1) Jeder Bürger der Deutschen Demokratischen Republik hat das Recht, den Grundsätzen dieser Verfassung gemäß seine Meinung frei und öffentlich zu äußern [...]
>
> (2) Die Freiheit der Presse, des Rundfunks und des Fernsehens ist gewährleistet.[24]

---

fung von Rassen-, Klassen- und Völkerhass und zum aktiven Eintreten für Pressefreiheit und Meinungsvielfalt".
[22] vgl. Walther, S. 801ff.
[23] ebd., S.41.
[24] Roggemann, S.402.

Inoffiziell aber gab es die Zensur. Sie wird oft gegliedert in mehrere mögliche Formen: Zunächst gab es die „direkte Zensur"[25], die durch die *HV Verlage und Buchhandel* und deren Druckgenehmigung oder Druckverbot ausgeübt wurde.

Die Bedeutung dieser dem Ministerium für Kultur zugeordneten Einrichtung bestand in der Verfügungsgewalt über die Erteilung einer Druckgenehmigung (also dem Ausüben der klassischen Zensur), damit der Steuerung des gesamten literarischen Prozesses in der DDR mittels politisch zweckmäßig erachteter Restriktion oder Förderung und der zentralstaatlichen Planung, Leitung und Überwachung der DDR-Produktion in toto.[26]

Wie die Akten belegen, wurde die Vorgehensweise des MfS und der Partei gegen mißliebige Schriftsteller mit Höpcke [dem Leiter der *HV Verlage und Buchhandel*; C.R.] abgestimmt.[27]

Zu dieser klassischen Zensur kam es aber eher selten, denn kein Verlag hatte ein Interesse daran, mit dieser Zensurbehörde zu kollidieren. Deshalb war ihr die sogenannte „Vorzensur"[28] vorgeschaltet. Sie bestand im Einwirken des Lektors des Verlages auf den widerspenstigen Schriftsteller, dem man nahe legte, einzelne Teile seines Romans noch einmal zu überarbeiten, da man diesen sonst nicht veröffentlichen könne. Auch dies war unangenehm für den Schriftsteller, und deshalb betrieb er meist schon im Vorfeld „Selbstzensur"[29], das heißt, die Angst schrieb mit:

Jeder Ausdruck stellt einen Kompromiß zwischen einem *Ausdrucksinteresse* [Hv. im Original] und einer *Zensur* [Hv. im

---

[25] vgl. Walther, S.39.
[26] Walther, S.793.
[27] ebd., S.794.
[28] vgl. Mix: DDR-Literatur, S.160.
[29] Mix: DDR-Literatur, S.179.

Original] dar, die in der Struktur des Felds besteht, in dem dieser Ausdruck angeboten wird, und dieser Kompromiß ist das Produkt einer Euphemisierungsarbeit, die bis zum Schweigen gehen kann, dem Grenzfall des zensierten Diskurses [...] Kurz, was eigentlich zu analysieren wäre, sind die sozialen Bedingungen der Konstituierung des Feldes, in dem dieser Diskurs produziert wird, denn dort liegt das eigentliche Prinzip dessen, was hier gesagt oder nicht gesagt werden konnte.[30]

Schon beim Konzipieren des Romans denkt der Autor darüber nach, wie wohl die Zensur über diese oder jene Stelle denken würde, und schränkt sich selbst freiwillig ein. Darunter leidet die Botschaft.

Reich-Ranicki fasst dies so zusammen:

Die amtliche Zensur kann verhüten, daß ein literarisches Kunstwerk veröffentlicht wird; die innere Zensur erstickt es jedoch im Keim. Die eine zerstört Bücher, die andere ist noch gefährlicher: Sie richtet Talente zugrunde.[31]

Was die *HV Verlage und Buchhandel* für die Reglementierung der Literaturproduktion innerhalb der DDR bedeutete, war das *Büro für Urheberrechte* für die Veröffentlichungen im Ausland. Hier wurden der Literaturvertrieb ins Ausland und die damit zusammenhängenden Lizenzen und Verträge überwacht, außerdem musste hier die Vergabe von Manuskripten ins Ausland genehmigt werden, was dem Staat im Genehmigungsfall Devisen einbrachte[32].

Durch diese Institutionen waren dem Staat zahlreiche Möglichkeiten zur flächendeckenden Kontrolle des Literaturbetriebs an die Hand gegeben, und sie wurden genutzt.

---

[30] Bourdieu, S.131-134.
[31] Reich-Ranicki: Ohne Rabatt, S.12.
[32] vgl. Walther, S.799.

## 2.3 Sicherungsbereich Literatur

Der Staat, namentlich das ZK der SED, führte die Kontrolle des Literaturbetriebs mittels des *Staatssicherheitsdienstes* (Stasi) als seines „sicherheitspolitischen Generalauftragnehmer[s]"[33] durch.

Die kulturpolitische Leitlinie wurde vorgezeichnet auf den Parteitagen der SED, speziellen Plenen des ZK der SED (sogenannten „Kulturplenen") und in Reden oder Artikeln führender Repräsentanten.[34]

Die hauptamtlichen Mitarbeiter des MfS waren fast ausnahmslos Parteimitglieder und verstanden sich als „Tschekisten"[35], das MfS als „Schild und Schwert der Partei".[36]

Walther beschreibt die drei Hauptfunktionen des MfS folgendermaßen: „Zugleich Nachrichtendienst (MfS-Kürzel: ‚Aufklärung'), politische Geheimpolizei (MfS-Kürzel: ‚Abwehr') und juristisches Untersuchungsorgan (Strafverfolgung)."[37]

Im MfS selbst war es vor allem die Hauptabteilung (HA) XX, dort die Abteilung XX/7, die sich mit der „Linie Schriftsteller"[38] beschäftigte. Dieses Aufgabengebiet wurde jedoch in der Geschichte des MfS mehrfach umgebettet. Seit seiner Gründung 1950 war diese „Linie Schriftsteller" Teil der Hauptabteilung V/1, am 9. März 1964 jedoch wechselte die Zuständigkeit in die neugegründete HA XX. Auf Befehl Minister Mielkes vom 18.7.1969 wurde schließlich die Abteilung XX/7 „für die Sicherung der Bereiche Kultur und Massenkommunikationsmittel"[39]

---

[33] Walther, S.47.
[34] ebd., S.47.
[35] Walther erklärt die Bedeutung des Wortes in einer Fußnote auf Seite 25:
„Tscheka: Kurzwort für russisch ‚Tschreswytschainaja komissija po borbe s kontrrevoljuzijei i sabotashem' (Außerordentliche Kommission zum Kampf gegen Konterrevolution und Sabotage), bis 1922 unter diesem Namen, später: GPU, NKWD, MWD, KGB."
[36] ebd., S.46.
[37] Walther, S.29.
[38] vgl. Walther, S.12.
[39] BStU, ZA, DSt 106590.

geschaffen, die auch fortan die ‚Betreuung' der Linie Schriftsteller übernahm. Später übernahmen auch die Abteilung XX/9 und die 1976 gegründete HA XX/OG, die sogenannte „Operativgruppe", Teile der Arbeit der Abteilung XX/7, die OG vor allem die „operativen Vorgänge" (kurz: OV), also die Koordinierung der Einsätze der „Inoffiziellen Mitarbeiter" (IM). Von Bedeutung für die Überwachung waren dabei neben den hauptamtlichen Mitarbeitern des MfS auch Führungsoffiziere, die ihre Informanten betreuten, und eben jene „Inoffiziellen Mitarbeiter" selbst. Die IM waren für gewöhnlich aus dem Literaturumfeld angeworben worden, zumeist waren sie Schriftsteller, Literaturwissenschaftler oder Lektoren. Tatsächlich waren auch weit mehr Informanten und Mitarbeiter aktiv als nur die genannten IM, so zum Beispiel „Kontaktpersonen" (KP), „geheime Informanten" (GI) oder „Gesellschaftliche Mitarbeiter für Sicherheit" (GMS). Aber allein die Anzahl der für das MfS aktiven IM wird für den Zeitraum von 1985-1989 auf 260 000 Personen geschätzt, und so kam auf 120 Staatsbürger ein IM.[40]

Joachim Walther schreibt zu den Anstrengungen des MfS im Feld der „Linie Schriftsteller":

> Der Aufwand, den die DDR-Tschekisten auf der „Linie Schriftsteller" betrieben, scheint aus heutiger Sicht maßlos überzogen: eine wahnhafte Überschätzung des „staatsgefährdenden" Potentials unangepaßter, kritischer Literatur. [...]
> Das Unvermögen [mit mehrdeutigen Metaphern umzugehen; C.R.] schuf Unsicherheit und Mißtrauen bei den ohnmächtig Mächtigen und löste den paranoiden Impuls aus, die Literatur, wenn sie schon nicht total beherrschbar war, zumindest umfassend zu überwachen.[41]

Offensichtlich litt die DDR unter einer ausgeprägten Intellektuellen-Paranoia und wollte möglichst alle intellektuellen Kreise kontrollieren, um Opposition und Kritik zu vermeiden. Die Achillesverse der Diktatur mag die Legitimierung der Souveränität sein. Somit musste die DDR

---

[40] Walther, S.554.
[41] ebd., S.12.

darauf achten, dass niemandem das Podium gewährt wurde, den Bürgern ihr demokratisches Anrecht auf Souveränität zu vergegenwärtigen. Sie versuchte dies mit Ausgrenzung und Manipulation. Alle öffentlichkeitswirksamen Medien wurden überwacht und kontrolliert.

> Die gründlichste und mit am schlechtesten zu parierende Form, über die eine Gruppe verfügt, wenn sie Leute zum Schweigen bringen will, ist die, sie von den Positionen fernzuhalten, auf denen man sprechen kann. Und umgekehrt ist eine der Formen, in denen die Gruppe den Diskurs kontrollieren kann, die Besetzung der Positionen, auf denen man spricht, mit Leuten, die nur das sagen, was das Feld autorisiert und verlangt.[42]

Dergestalt wirkte die sogenannte „informelle Zensur"[43]:

> Da die Träger des literarischen Lebens in der Regel in Verbänden, Kollektiven, Institutionen oder Parteien organisiert waren, war es auch einfach, gezielt psychischen, ökonomischen, sozialen oder politischen Druck auszuüben, um einzelne Personen zu disziplinieren oder ohne rechtliche Handhabe anderslautende Meinungen auszugrenzen oder zu inkriminieren. [...] Da informelle Zensurmaßnahmen [...] ohne öffentliches Aufsehen realisiert werden konnten, kam diesen Praktiken erhebliche Bedeutung zu.[44]

Da Autoren aber individuelle Produzenten ihrer Texte sind und sich seit den achtziger Jahren auch zunehmend nicht mehr im Kollektiv, sondern nur individuell beeinflussen ließen[45], musste die angestrebte Kontrolle der Öffentlichkeit allein über Institutionen wie den Schriftsteller-

---

[42]  Bourdieu, S.134.
[43]  Mix: DDR-Literatur, S.176.
[44]  Mix: Vom großen Wir, S.192.
[45]  vgl. Walther, S.111: „[Es] rückte Anfang der achtziger Jahre die nachgewachsene Schriftstellergeneration verstärkt ins Blickfeld des MfS, die sich ästhetisch alternativ definierte und organisatorisch nicht in den Literaturbetrieb der DDR eingebunden war."

verband und den Buchhandel auch schließlich scheitern. Auch die internationale Außenwirkung dieser Politik machte schließlich eine noch heimlichere Überwachung und Beeinflussung der Künstler notwendig. Die Folge war die sehr aufwändige individuelle Bearbeitung der Schriftsteller mittels offizieller und inoffizieller Kräfte.

Die ‚Kulturpolitik'[46] des MfS begann schon direkt nach seiner Gründung (1950) und umfasste ursprünglich nur die Institutionen der DDR-Literaturlandschaft. Sie beinhaltete sowohl die Installation von IMs als auch eine inhaltliche Einflussnahme. Zumeist geschah dies allerdings durch die Literatur-Institutionen selbst, wie etwa bei der Zensur.

> Die direkte Einflußnahme des MfS auf das Verlagswesen war jederzeit möglich, aber nur bei erhöhter Gefahr und bei besonders sicherheitsrelevanten Projekten und Personen nötig, da das Gesamtsystem der Zensur in der DDR flächendeckend funktionierte.[47]

Walther gibt zur Verdeutlichung der Zusammenarbeit von MfS und der ‚Zensurbehörde' *HV Verlage und Buchhandel* mit ihrem Leiter Höpcke für das Jahr 1987 folgendes Beispiel:

> Am 16. Februar 1987 fertigte Major Gütling eine „Information", in der neun von zentraler Stelle gefällte und von Höpcke übermittelte Entscheidungen aufgelistet wurden (u.a. zu Uwe Kolbe, Monika Maron, Christa Wolf, Volker Braun). Diese „Information" der HA XX/7 ging an die HA XX/AKG mit folgender Empfehlung: „Durch den stellvertretenden Minister für Kultur, Genossen Höpcke, wurden folgende, von zentraler

---

[46] Die Politik war offiziell Sache der Partei, aber diese ließ dem MfS weitgehend freie Hand in der Frage, welche Methoden in welchen Fällen angewandt wurden. Die Operativen Vorgänge waren ja geheim und es war somit unnötig, sie juristisch zu rechtfertigen. Die Wahl der Mittel passte sich auch den jeweiligen Kontrollanforderungen an, so reagierte das MfS etwa dezidiert auf die Situation nach der Ausbürgerung Biermanns. Aus diesem Grund kann man dem MfS in der Umsetzung der Leitlinien der SED eine eigene Kulturpolitik zusprechen.

[47] Walther, S.275.

> Stelle getroffenen Festlegungen bekannt, die in der operativen Arbeit beachtet werden müssen. [...] Es wird vorgeschlagen, durch die HA XX/AKG die zuständigen Diensteinheiten über die getroffenen zentralen Entscheidungen in Kenntnis zu setzen."[48]

Hieraus wird deutlich, wie Entscheidungen über die potentielle ‚Bedrohung', die von Werken einzelner Schriftsteller ausgehe, von der *HV Verlage und Buchhandel* direkt an die Stasi weitergegeben wurden, die daraufhin ihr Vorgehen gegen die Betroffenen koordinierte und losschlug.

Das Engagement des MfS änderte sich aber in den folgenden Jahrzehnten. Beschränkte es sich in der stalinistischen Ära der DDR noch darauf, bestimmte Bücher zu verbieten und Druck auf zentrale Institutionen auszuüben, änderte sich die Taktik in den folgenden Jahrzehnten zugunsten einer immer aufwändigeren Verfolgung von einzelnen Schriftstellern.

> Die Aufmerksamkeit der Staatssicherheit für literarische Vorgänge nahm nach den Turbulenzen in Ungarn und Polen 1956/57 und vor allem im Gefolge der Auseinandersetzungen im Aufbau-Verlag im Umkreis von Wolfgang Harich, Walter Janka und Gustav Just 1957 zu.[49]

Für die Bearbeitung des Sektors der „wissenschaftlichen und künstlerischen Intelligenz"[50] sorgte aber erst Erich Mielke. „Neben den Institutionen war jetzt erstmals auch die Überwachung der freischaffenden Künstler vorgesehen."[51]

---

[48] BStU, ZA, AIM 9467/91, Bd.1, Bl.95f., zitiert nach Walther, S.794. Diese enge Zusammenarbeit zwischen Stasi und HV Verlage und Buchhandel geht aber bis auf die früheste Zeit der MfS-Arbeit im Sektor Kultur zurück.
[49] Walther, S.144.
[50] vgl. ebd., S.145.
[51] ebd., S.155.

Mit der Entstalinisierungspolitik Chruschtschows in der Sowjetunion begann Mitte der fünfziger Jahre auch eine Entspannung der Kontrolle im sogenannten „Sicherungsbereich Literatur".

Wenn in den fünfziger Jahren Autoren wie Kafka, Baudelaire, Rimbaud, Musil und Proust, um nur einige zu nennen, noch als gefährliche spätbürgerliche Formalisten galten, wurden sie in den siebziger Jahren, wenn auch in geringer Stückzahl, gewissermaßen als außenpolitische Alibiauflage, verlegt.[52]

Spätestens seit der Niederschlagung des Prager Frühlings kam es aber wieder vermehrt zu Protesten und Kritik innerhalb der Künstlerszene der DDR. Die Strategie des MfS war immer eine drastische Aufstockung der Mitarbeiterzahlen. Die nächste Phase der Entspannung erreichte die DDR mit der Amtsübernahme Erich Honeckers 1971. „In dieser ersten Konsolidierungsphase Honeckers war die SED bestrebt, die Legitimation nach innen und die Reputation nach außen zu erhöhen."[53]

Die Stimmung kippte allerdings, als im Jahr 1976 dem Liedermacher und Oppositionellen Wolf Biermann nach einem Konzert im Westen die Wiedereinreise in die DDR verweigert wurde[54]. Eine beispiellose Welle der Entrüstung ging durch die Literaturszene der DDR. In einem Protestschreiben an die Parteiführung machte man seinem Ärger Luft. Stärker als zu diesem Anlass ist die Künstlerwelt der DDR nie mobilisiert worden. Auch Monika Maron, die zu diesem Zeitpunkt gerade ihre Anstellung als Journalistin gekündigt und mit dem Schreiben ihres ersten Romans begonnen hatte, zeigte sich sehr erschüttert:

Marons naiver Glaube auf einen „Sozialismus mit menschlichem Antlitz" wird durch die Biermann-Ausbürgerung am 16. November 1976 vollständig desillusioniert. „Mein ganzes Leben brach auseinander."[55]

---

[52] Walther, S.301.
[53] ebd., S.81.
[54] vgl. Mix: Vom großen Wir, S.189.
[55] Boll, S.23.

Der Biermann-Eklat verstärkte die Tendenz zur Überwachung der Schriftsteller erheblich. Als Folge erhob die HA XX/7 die „Linie Schriftsteller" nun endgültig zum Schwerpunktbereich. Die Unterzeichner der Protestnote bekamen diese Intensivierung auch zu spüren. Sie wurden aktenkundig, und gegen die meisten von ihnen wurden OV[56] angestrengt.[57]

Wolf Biermanns populärer Refrain „Die Stasi ist mein Eckermann" ist von der Wirklichkeit insofern noch übertroffen worden, als es angesichts der Menge der von der Staatssicherheit produzierten „Sekundärliteratur" durchaus zutreffend wäre, das MfS als den Eckermann der DDR-Literatur zu bezeichnen.[58]

In den achtziger Jahren versuchte die Staatssicherheit verstärkt, oppositionelle Einzelpersonen oder Gruppen mit Spitzeln zu umgeben, um sie zu ‚zersetzen' oder zu konformem (‚gesellschaftsgemäßem') Verhalten ‚zurückzuführen'.

Doch erging es MfS und SED letztlich wie dem Zauberlehrling. Zwar riefen sie die kritischen Geister nicht ausdrücklich herbei, doch beschworen sie diese unablässig als Gefahr, und indem sie den Emanzipationsprozeß der Dichtung von Dogma und Doktrin mit repressiven Mitteln zu verhindern suchten, beförderten sie ihn zugleich, freilich ungewollt.[59]

---

[56] vgl. Walther, S.268: „Operative M. [Methoden, C.R.] sind beispielsweise: - Herausbrechen von Personen aus feindlichen Gruppen, - Einführung von IM in die Bearbeitung von Operativen Vorgängen, - Herauslösen von IM aus der Bearbeitung von Operativen Vorgängen- Zersetzung, - operative Legende, - operative Kombination, - operatives Spiel."
[57] vgl. Walther, S.88.
[58] Walther, S.338. Gemeint ist der Refrain aus Biermanns Lied *Die Stasi-Ballade*. vgl. Biermann, S.204.
[59] Walther, S.13.

Die „operative Bearbeitung" war die drastischste Maßnahme gegen kritische Künstler, mit Ausnahme der polizeilichen Strafverfolgung[60]. Diese war aber oft Bestandteil des viele Maßnahmen umfassenden Operativen Vorgangs (ebenso wie die Unterbindung von Publikationen, Bestellung negativer Gutachten, in Einzelfällen sogar die Zerstörung von Ehe- und Liebesverhältnissen[61]).

Neben der angedrohten oder vollzogenen Inhaftierung kamen für Autoren, deren Werke nur außerhalb der DDR erscheinen konnten, die repressiven Möglichkeiten des 1979 verschärften Devisengesetzes[62] hinzu, das zur Kriminalisierung kritischer Autoren auch genutzt worden ist [...]. Das Gesetz sah Geldstrafen bis zu 20000 Mark vor, oder Freiheitsstrafen bis zu zwei, im schweren Fall bis zu zehn Jahren.[63]

Eine Sonderform der Bearbeitung durch das MfS stellte die Begutachtung der literarischen Werke durch eine eigene Abteilung, die HA IX/2, dar. Diese Abteilung untersuchte die vorliegenden Texte speziell auf mögliche strafrechtliche Tatbestände hin. Betroffen war unter anderen Monika Maron, über deren Roman *Flugasche* Hauptmann Anding 1980 ein Gutachten erstellte[64], 1986 bewertete Hauptmann Karlstedt ihr Buch die *Überläuferin*[65]. Der Lyriker Uwe Berger (IMV/IME „Uwe") schrieb ein Gutachten über Marons *Josepha*, das eine lange Liste kritischer Textstellen mit Seitenzahl und Art der Verunglimpfung enthielt[66]. Sol-

---

[60] vgl. Walther, S. 408: „Die OV waren vor dem Ermittlungsverfahren mit oder ohne Haft die höchste und umfassendste Form der Bearbeitung durch die Staatssicherheit, die eine aufwendige und intensive Bespitzelung ebenso einschloß wie aktive geheimpolizeiliche Maßnahmen. [...] Insofern stellen viele der Operativen Vorgänge Bestrafungen ohne Haft und ohne Urteil dar."
[61] vgl. Walther, S.329.
[62] Das erst 1979 verschärfte Devisengesetz sah Geldstrafen von bis zu 20 000 Mark vor, oder Freiheitsstrafen bis zwei, in schweren Fällen bis zu zehn Jahren. vgl. Walther, S.375.
[63] Walther, S.375.
[64] vgl. BStU, ZA, AOP 7684/89, Bd.6, Bl.29. Zitiert nach Walther, S.307f.
[65] vgl. ebd., Bl.4-6.
[66] Walther zitiert einen Ausschnitt dieses Gutachtens: vgl. Walther, S.312.

cherart hervorgehobene Zeilen konnten dann direkt juristisch verwertet werden. Maron konnte keinen ihrer Romane in der DDR veröffentlichen.

Aus alldem geht hervor, welch beträchtlichen Einfluß die inoffiziellen Gutachter auf das literarische Leben in der DDR hatten, welch wertvolle Hilfe sie für das MfS bei dessen Entscheidungsfindung waren und dass sie nicht unwesentlich dazu beigetragen haben, Bücher zu verhindern, Autoren operativ geplante berufliche Mißerfolge zu bescheren und insgesamt das DDR-Zensursystem zu stützen und zu tragen.[67]

## 2.4 Einbindung Monika Marons in die Stasi

Der Staatssicherheitsdienst unterhielt ein riesiges Netz von Spitzeln. Diese hatten, abhängig von ihrer Klassifizierung[68], unterschiedliche Aufgaben. Ein IM[69] konnte zum Beispiel für die Erledigung von Aufgaben genutzt werden, die besonders große Sachkenntnis erforderten, also etwa das Besetzen von Schlüsselpositionen in diversen Institutionen oder das Verfassen von Gutachten zu literarischen Texten. Dieser „IME"[70] wurde auch „Experten-IM" genannt. Der „IMS"[71], oder auch

---

[67] Walther, S.321.

[68] Zu den folgenden Klassifizierungen erfolgt jeweils eine Definition, die aus dem Abkürzungsverzeichnis des *Bundesbeauftragten für die Unterlagen des Staatssicherheitsdienstes der ehemaligen Deutschen Demokratischen Republik* (BStU, „Birthler-Behörde") entnommen ist. Sie werden mit dem Vermerk „BStU:" angekündigt.

[69] BStU: Inoffizieller Mitarbeiter – Erfassungsart gemäß Richtlinie 1/79 (aktive Erfassung auf der Grundlage eines registrierten Vorgangs).

[70] BStU: Inoffizieller Mitarbeiter im bzw. für einen besonderen Einsatz – 1958 unter der Bezeichnung "Geheimer Mitarbeiter im besonderen Einsatz" eingeführte, 1968 spezifizierte Kategorie eines inoffiziellen Mitarbeiters, der auf Grund seiner Fähigkeiten und Voraussetzungen sowie vorhandener oder zu schaffender Möglichkeiten außerhalb seines sonstigen Tätigkeitsbereichs "zur Lösung spezieller politisch-operativer Aufgaben" eingesetzt wird; mit Richtlinie 1/79 vom 8.12.1979 nochmals definiert.

[71] BStU: Inoffizieller Mitarbeiter, der mit der Sicherung eines gesellschaftlichen Bereichs oder Objekts beauftragt ist – 1968 mit Richtlinie 1/68 vom Januar 1968

„GI" (geheimer Informator), sollte sich „als Gleicher unter Gleichen oder gar als Vertrauter"[72] tarnen und allgemein die Augen offen halten. Dieser Typ entsprach „am ehesten dem Bild des ordinären Spitzels"[73]. Eine Sonderform der Mitarbeiter des MfS stellt die sogenannte „Kontaktperson" (KP)[74] als offizielle Quelle dar. KP waren also keine inoffiziellen (sprich: geheimen) Mitarbeiter des MfS, sondern hatten den Status „vertrauenswürdiger Bürger, die für die Lösung bestimmter sicherheitspolitischer Aufgaben eingesetzt wurden."[75] Im Gegensatz zur anderslautenden Erklärung des BStU wurden durchaus über einige dieser KP Akten geführt, laut Walther meist in Form einer „Allgemeinen Personenablage" (AP)[76]. Nach Ende der Stasi-Mitarbeit Monika Marons wurde ein OV gegen sie eingeleitet, die Akten der für die Kontaktperson zuständigen Behörde wurden weitergeleitet und überdies eine Allgemeine Personenablage mit den Kopien angelegt, „wodurch der seltene Fall eintrat, dass Material der HV A erhalten blieb."[77]

Diese Akten Marons waren der Öffentlichkeit bis 1995 nicht bekannt, denn obgleich KP nicht „inoffizielle" Mitarbeiter der Stasi waren, wurde auch nach Beendigung der Mitarbeit gegenüber der Öffentlichkeit geschwiegen. Maron selbst wurde von ihrem Führungsoffizier Major Daum zur Verschwiegenheit verpflichtet[78].

---

eingeführte Kategorie; 1979 wie folgt definiert: Inoffizieller Mitarbeiter zur politisch-operativen Durchdringung und Sicherung des Verantwortungsbereichs. Nachfolger der Kategorie (siehe) GI.

[72] Walther, S.561.
[73] ebd.
[74] BStU: Kontaktperson – Bezeichnung von Abwehrdiensteinheiten des MfS für Personen, zu denen Kontakt (Verbindung) hergestellt wurde mit dem Ziel, diese Personen partiell zu nutzen. Keine Kategorie inoffizieller Mitarbeiter, aber nicht selten Nutzung von KP mit Zügen der IM-Arbeit. KP wurden nicht registriert.
[75] Walther, S. 628. Walther bezieht sich hier auf die Richtlinie 1/58, Die Inoffiziellen Mitarbeiter, Bd. 1, S. 101.
[76] vgl. Walther, S.628.
[77] Walther, S.525.
[78] vgl. BStU, ZA, AOP 6784/89, Bd.1, Bl.300.

Der Zufall, dass die Akten zu Marons Stasi-Mitarbeit erhalten sind, ist umso größer, als die Akten der *Hauptverwaltung Aufklärung* (HV A) unter Markus Wolf allesamt vernichtet sind und nur teilweise, durch in anderen Akten verbliebene Kopien, wieder rekonstruiert werden konnten. Die Bürgerrechtlerin Bärbel Bohley beschrieb dies 1995 im *Spiegel* folgendermaßen:

> Denn die Akten der Hauptverwaltung Aufklärung (HV A), bei der auch Monika Maron angebunden war, sind mit durch die Blödigkeit der Bürgerbewegung 1990 vernichtet worden.[79]

> Daß es mehr waren als die zwei [Berichte an die Stasi; C.R.], die sich in den erhaltenen Stasi-Unterlagen über Monika Maron befinden, geht aus den Akten eindeutig hervor. Wieviel und worüber sie en detail an ihre Auftraggeber wirklich berichtet hat, ist bis jetzt unbekannt, eben weil die Akten der HV A vernichtet wurden.[80]

Von den KP-Akten Marons sind insgesamt 52 Blatt erhalten. Davon sind wieder einige offensichtlich maschinenschriftliche Kopien der anderen Seiten, so dass die Zahl wirklich verwertbaren Aktenmaterials noch weit geringer ist. Vorhanden ist eine zwölfseitige Zusammenfassung als Darstellung der Zusammenarbeit mit Maron, die als Decknamen die Bezeichnung „Mitsu" trägt, ein Bericht über die Kontaktaufnahme, zwei weitere Berichte von Treffen mit Mitsu, eine Einschätzung der Zusammenarbeit, schließlich die erwähnten zwei Berichte der Mitsu (davon einer über einen Empfang der *Ständigen Vertretung der BRD* in Ost-Berlin und einer von einer Reise nach WestBerlin). Angefügt sind außerdem ein IM-Bericht über Maron und die „Abverfügung zur Archivierung". Diese Informationen bilden zusammen mit den Abschriften die zwei Akten „AOP 6784/89, Bd. 1" und „AP 11009/78".

---

[79] Bohley, S.68.
[80] ebd., S.72.

Nach Aktenlage geschah die Kontaktaufnahme des MfS mittels Major Daum, der später Führungsoffizier der Mitsu werden sollte. Daum suchte sie unter dem Decknamen „Baumann" in ihrer Wohnung auf. Maron erklärte ihm, sie habe eine schlechte Meinung über das MfS.[81]

> Ihre Begründung dazu: Vor zwei Jahren haben sie Mitarbeiter des Aufklärungsdienstes der NVA besucht. Sie wollten von ihr genauere Auskünfte über ihre engsten Freunde.[82]

Nachdem Maron die Mitarbeit abgelehnt hatte, kamen sie mehrfach wieder, schließlich drohten sie ihr, sie sei nun beim MfS registriert, und diese Behörde würde sich ihrer zukünftig annehmen. Ob Daum dies bestätigte oder die leere Drohung aufklärte, geht nicht aus den Akten hervor.

Maron führte weitere Beispiele an, wie Mitarbeiter des MfS das Haus von Freunden ohne Hausdurchsuchungsbefehl oder anwesende Zeugen durchsucht hätten. Sie behauptete auch, sie sei sicher, das MfS beschatte sie und zapfe das Telefon an.

> Sie begründet das damit, daß, wenn sie mit [geschwärzt[83]] spricht, im Telefon ständig eine Uhr tickt und manchmal eine Person hustet. Weiter sagt sie, wenn [geschwärzt] eine Party hat, dann schleichen junge MfS-Leute um die Villa herum. Sie laufen immer zu zweit und haben ein kleines Täschchen in der Hand. Weiter behauptet die M., daß sie die Mitarbeiter des MfS von anderen gut unterscheiden kann, da sie sehr konservativ gekleidet gehen, schrecklich neugierig und ernst sind.[84]

---

[81] Nachfolgend werden die Kontakte Marons mit der Stasi aus den erhaltenen Berichten Daums zitiert. Die dünne Quellenlage lässt eine ausgewogene Darstellung leider nicht überall zu. An einigen Stellen wird zudem pointiert auf Unstimmigkeiten zwischen dem Stasi-Bericht und Marons öffentlicher Erinnerung hingewiesen.

[82] BStU, ZA, AOP 6784/89, Bd.1, Bl.271.

[83] In den Akten des BStU sind aus juristischen Gründen persönliche Informationen über Dritte geschwärzt.

[84] ebd., Bl.271f.

Auch hierzu ist dem Bericht keine Äußerung Daums zu entnehmen.
Es folgten diverse Auskünfte Marons über „Parties", auf denen sie war.
Monika Maron stellte aber auch klar, zwar über ihre BRD-Bekannten, nicht aber über ihre Freunde Auskunft geben zu wollen. Schließlich kam das Gespräch auf die Frage nach Mitarbeit beim MfS, die Maron „kategorisch mit ja"[85] beantwortete.

> Mit der M. wurde vereinbart, daß sie den Mitarbeiter sofort telefonisch verständigt, wenn sie eine Einladung zu einer Party erhält, auf der mit Gewißheit BRD-Leute vertreten sind. Für die telefonische Verständigung erhält sie die App.-Nr. 2568[86].

Schon in der Schilderung dieser Kontaktaufnahme wird deutlich, dass dem Gespräch eine ausführliche Überprüfung und Bespitzelung ihres Privatlebens voraus gegangen sein muss. Dies diente sowohl der Informationsgewinnung, als auch der Einschüchterung der zu Gewinnenden. Mit der Vereinbarung zur Zusammenarbeit folgten nun zahlreiche Treffen, die vor allem Vertrauen zum MfS schaffen sollten, dann auch mehrere Einsätze Marons in Westberlin. Geworben wurde sie von der *Arbeitsgruppe T* der HV A, deren Arbeitsgebiet der Großraum Bonn[87] war, also Auslandsspionage.

Monika Maron hat diese erste Begegnung mit dem MfS in ihrem autobiografischen Roman *Pawels Briefe* beschrieben. Ihre Beschreibung klingt weniger nüchtern, sondern vermittelt Souveränität und Überlegenheit:

> [...] als sich eines Tages ein Herr vom Ministerium telefonisch bei mir ankündigte, was mich nicht verwunderte, weil unser Haus dem Ministerrat gehörte und jeder Klempner, der geru-

---

[85] BStU, ZA, AOP 6784/89, Bd.1, Bl.272.
[86] ebd., Bl.273. Die Nummer ist aufgrund der schlechten Qualität der Kopie unleserlich und könnte falsch zitiert sein.
[87] vgl. Walther, S.523.

fen wurde, ein Angestellter des Ministerrats war. Dieser Herr aber erwies sich als ein Offizier der Hauptverwaltung Aufklärung beim Ministerium für Staatssicherheit, der das Interesse seiner Behörde an meiner Mitarbeit bekundete. Die Hauptverwaltung Aufklärung war zuständig für das Ausland, und ihren Chef Markus Wolf umgab das Gerücht, er sei intelligent und undogmatisch, vor allem aber ein Gegner von Erich Mielke, dem der gigantische Spitzelapparat unterstand. Was immer mich bewog – Neugier, Abenteuerlust, der Traum von einer sinnvollen Tat – , ich sagte nicht nein, sondern erkundigte mich nach einem spanischen Sprachkurs, weil ich an Chile dachte oder an Nicaragua[88].

An das von Maron beschriebene Fernweh kann sich Daum, der den Bericht sechs Tage nach ihrem Treffen schreibt, nicht erinnern, dafür beschreibt er ausführliche Informationen, die Maron spontan über verschiedene Personen lieferte. Davon steht nichts in Marons Erinnerungen an diesen Tag, außer dem geradezu heldenhaft klingenden Satz:

> Ich nahm dem Offizier das Versprechen ab, mich nie nach meinen Freunden und Bekannten zu befragen, woran er sich insofern hielt, als er mein Schweigen auf solche Fragen akzeptierte.[89]

Vermutlich ist in diesem Fall dem Aktenmaterial des MfS eher zu trauen. Nach Einschätzung Joachim Walthers waren die Akten ausgesprochen korrekt geführt.

> Von allen hinterlassenen DDR-Dokumenten kommen die MfS-Akten der DDR-Wirklichkeit am nahesten, da die konspirative Informationsgewinnung und deren Zweck dem Zwang zum Schönfärben nicht in dem Maße unterworfen war wie die anderen DDR-Informationssysteme.[90]

---

[88] Pawels Briefe, S.196.
[89] Pawels Briefe, S.197.
[90] Walther, S.17.

> [...] es [das MfS; C.R.] versuchte permanent, die Bewertung, Kontrolle und Überprüfung der Informationserhebung zu optimieren und Fehlerquellen möglichst auszuschließen.[91]

Als Monika Marons Version dieser Begegnung veröffentlicht wird, ist ihre KP-Akte schon bekannt, und Maron hat sich für ihre Mitarbeit wiederholt rechtfertigen müssen (wie zahlreiche Essays und Zeitungsartikel belegen[92]). Eine mögliche Lesart dieser offensichtlichen Diskrepanz kann also die der Verteidigung sein. Vielleicht ist Marons Betonung ihrer träumerischen Selbstversprechungen bei der Zusage der Zusammenarbeit ein Versuch, die allzu schnelle Preisgabe ihres Wissens zu rechtfertigen.

Die Kontaktaufnahme zu Maron erfolgte am 6.10.1976, das letzte Treffen fand am 9.5.1978 statt. Die KP Mitsu war also etwa anderthalb Jahre aktiv. Während dieser Zeit verschaffte sie dem MfS zahlreiche Informationen, von denen zwar nur zwei Berichte erhalten sind, aber in den Akten weitaus mehr aufgezählt werden.

- Zwei Personenauskünfte über die [geschwärzt]

- Personeneinschätzungen über [geschwärzt] und seine Familie

- Einen Bericht über die [geschwärzt]

- Mehrere Auskünfte über Personen und Verwandte in Westberlin

- Kurzauskünfte über 11 befreundete Personen, die politisch ähnlich wie die KP denken

- Bericht über den Besuch einer Veranstaltung in der BRD-Vertretung

---

[91] Walther, S.18.
[92] z.B. *Heuchelei und Niedertracht*, eine Apologetik gegen die Stasivorwürfe (Frankfurter Allgemeine Zeitung, 14.10.1995).

- Schriftliche Erklärung über die konspirative Handhabung des vom MfS erhaltenen Reisepasses der DDR vom 13.1.1977

- Eine Konzeption für die Untersuchung sozialpolitischer Probleme von Studenten in der DDR, der BRD und Westberlins[93]

Sie erledigte auch mehrere Einsätze außerhalb der DDR. Belegt sind elf Besuche in Westberlin zwischen Januar und Juni 1977. Sie erhielt hierfür insgesamt 191 DM Spesen. Außerdem arbeitete sie sich eine Legende aus (eine falsche Identität), die aber wohl nie zum Einsatz kam.[94]

Das MfS stand ihr wohl ebenso skeptisch gegenüber, wie Maron dem MfS. In einer „Einschätzung zur politisch-moralischen Haltung der KP" kommt Daum zu folgendem Urteil:

> Die Haltung der KP zur Politik von Partei und Regierung unserer Republik ist unsachlich, nicht objektiv und artet in vielen Fragen in eine linksradikale Opposition aus. Sie will eine grundsätzlich andere DDR, in der die Presse- und Meinungsfreiheit besteht und die Freiheit der Persönlichkeit geachtet wird. [...] Ihr persönlicher Freundeskreis besteht aus politisch schwankenden Literaten, Journalisten und Künstlern, die sie als Dissidenten bezeichnet.[95]

Daum schränkt dies allerdings ein:

> Die DDR will sie nicht verlassen und ist prinzipiell gegen jede kapitalistische Gesellschaftsordnung. Sie ist bereit, die DDR vor feindlichen Geheimorganisationen und ihren Tätigkeiten zu schützen. Sie ist gegen jede konterrevolutionäre Tätigkeit in der DDR.[96]

---

[93] BStU, ZA, AOP 6784/89, Bd.1, Bl.261.
[94] vgl. BStU, ZA, AOP 6784/89, Bd.1, Bl.291.
[95] BStU, ZA, AOP 6784/89, Bd.1, Bl.286.
[96] ebd.

Major Daum rät zur weiteren Zusammenarbeit mit Mitsu, zum einen, weil entsprechend ministerieller Weisung „jeder Kontakt zu einem ‚Dissidenten' wertvoll ist und operativ geschickt entwickelt und ausgebaut werden muß"[97]. Zum anderen erweist sich Mitsu noch als nützlich, besonders weil sie zur Berichterstattung über die mit ihr befreundeten Dissidenten gebraucht wird.[98] So werden ihr weitere Aufträge gegeben, um ihre Zuverlässigkeit zu testen. Daum schließt den Akteneintrag: „Für Oktober wird sie einen fingierten Kurierdienst mit von uns vorher inszenierten Komplikationen zwecks Erprobung ihrer Haltung durchführen."[99]

Am 21. Juli 1977 erklärt Mitsu ihre Zweifel an der Zusammenarbeit mit dem MfS.[100] Ihr sei bewusst geworden, dass sie nicht nur wegen ihrer Kenntnis der Dissidentenszene gebraucht werde, sondern als Kundschafterin in den Westen geschickt werden solle.

> So romantisch die künftigen Vorhaben auch scheinen mögen, sie kann es mit ihrer politischen Haltung und mit ihrem Gewissen nicht mehr vereinbaren und findet sich als ungeeignet, unter falschem Namen außerhalb der DDR für das MfS zu arbeiten. Sie habe auch Angst, falls sie verhaftet werden sollte, um ihren Sohn und fürchtet um das Gerede ihrer gegenwärtigen politischen Freunde, der sogenannten Dissidenten.[101]

Durch die vergangenen politischen Diskussionen mit dem Mitarbeiter[102] sei ihr bewusst geworden, dass sie als politisch zuverlässige Mitarbeiterin nicht tauge.

---

[97] BStU, ZA, AOP 6784/89, Bd.1, Bl.294.
[98] ebd.
[99] ebd., Bl.295.
[100] vgl. BStU, AP, 11009/78, S.13.
[101] ebd., Bl.292.
[102] vgl: N.N., S.147: „Maron nervt Daum – laut Akten – die meiste Zeit mit dem Fall Wolf Biermann."

Sie wolle zwar nicht mehr mit dem MfS in regelmäßigem Kontakt stehen, aber falls fremde Agentenorganisationen Kontakt zu den Dissidenten aufnähmen, wolle sie sich melden. Außerdem sei sie bereit, weiterhin über die Dissidenten (ohne Namensnennung) zu berichten, Kurierdienste für das MfS zu unternehmen und sich über Westdeutsche befragen zu lassen. Keinesfalls aber wolle sie unter falschem Namen agieren.[103]

Zu erwarten gewesen wäre wohl, dass ein Mitarbeiter des MfS, der nach längerer Zusammenarbeit mit dem Geheimdienst seine Tätigkeit wegen seines Gewissens einstellen will, diese Zusammenarbeit komplett aufkündigt. Nicht so Monika Maron, die eine detaillierte Liste von Aufgaben präsentiert, die sie zukünftig erfüllen will, und die eben nicht die ethisch sensibleren Bereiche wie Auskünfte über ihre Freunde ausklammert, sondern der das Tragen eines falschen Namens zu weit geht, oder der Einsatz jenseits der deutsch-deutschen Grenze. Westdeutsche aushorchen will sie jedoch weiterhin.

Maron erinnert sich in *Pawels Briefe* an folgende Gründe:

> Als nach einem halben Jahr von einem Sprachkurs immer noch nicht die Rede war, statt dessen aber vor einer Reise an den Mittelrhein, sagte Hella: Wenn du erst mal einen Kontaktmann kennst, kommst du nicht mehr aus der Sache raus. Hör auf.[104]

> [Ich] fragte den Offizier, ob er mich nicht weiterhin in seiner Kartei führen könne, um meine gerade gewonnene Freiheit, die ich auf keinen Fall wieder aufgeben wollte, noch eine Weile zu beschützen.[105]

Wieder erinnert sich Daum anders an diese Situation:

---

[103] vgl. BStU, ZA, AOP 6784/89, Bd.1, Bl.292f.
[104] Pawels Briefe, S.197.
[105] ebd., S.198.

> Unter diesen Bedingungen möchte die KP „Mitsu" auch nicht mehr privat nach Westberlin, um weiter Stoff für ihr Buch zu sammeln. Sie möchte die Verbindung zum MfS nicht ausnutzen.[106]

In Daums Aufzeichnungen erscheint Maron wiederum weitaus kooperativer und weniger souverän, der in Marons Erinnerung abermals erwähnte Spanischkurs fehlt wieder. Der naive Unterton, mit dem Maron in ihrer Variante Daum bittet, sie doch trotzdem in der Kartei zu lassen, wird konterkariert durch ihre Beteuerung in der Akte, das MfS nicht ausnutzen zu wollen. Offensichtlich unterscheidet sich auch hier die Selbstdarstellung Marons von der (zweifellos prosaischeren) Akte der Stasi. In beiden Schilderungen wird jedoch deutlich, dass es Maron nicht um einen totalen Abbruch ihrer Tätigkeit aus Gewissensgründen geht, sondern sie sich die wohl kalkulierte Chance zum Ausstieg erhalten wollte.

Nach eigenen Angaben glaubt Maron zeitweise, sich durch ihre Mitarbeit im System vor eben diesem schützen zu können. Dies würde auch erklären, warum sie sich gegenüber Daum für eine kalkulierte Fortsetzung ihrer Mitarbeit einsetzt, gleichzeitig aber nicht mehr ausdrücklich als Mitarbeiterin geführt werden oder sich regelmäßig mit ihrem Führungsoffizier treffen will.

Ein noch während Mitsus aktiver Zeit über Maron berichtender Spitzel einer anderen Diensteinheit beschreibt ihre gleichzeitige Arbeit an *Flugasche*, ihrem ersten Roman:

> Maron erklärte, jetzt freischaffend tätig zu sein und daß sie beabsichtigt, ein Buch zu schreiben. Über den vorgesehenen Titel gab sie keine Auskunft, es soll aber ein Buch „aus dem Leben" mit dem Inhalt ähnlich der Bücher von Parow und Kunze sein. [...] dann würde die legale Möglichkeit bestehen, diese Produkte in anderen Staaten verlegen zu lassen. Sie spielt mit dem Gedanken, daß sie das evtl. mit ihrem eigenen, noch

---

[106] BStU, ZA, AOP 6784/89, Bd.1, Bl.292.

in Arbeit befindlichen Buch machen wolle. Falls Ihrerseits an der weiteren Abschöpfung der Maron durch den IM unserer Diensteinheit Interesse besteht, bitten wir Sie um die entsprechende Mitteilung.[107]

Weil Maron während des Zeitraums ihrer Stasi-Mitarbeit an *Flugasche* schrieb, der später auch vom Staatssicherheitsdienst als staatsfeindlich eingestuft wurde, gab es genug Grund, sich um das Wohlwollen des MfS zu bemühen. Dies bestätigt auch Maron selbst:

Vor den Behelligungen durch die Staatssicherheit schützte mich die Staatssicherheit, vor Erich Mielke Markus Wolf.[108]

Ich hatte keinen Grund, irgendeinem Menschen, der sich für das interessierte, was ich schrieb, mein Manuskript vorzuenthalten, auch nicht Major Daum. Der Gedanke, sich durch die Stasi vor der Stasi zu schützen, war so verführerisch wie illusorisch.[109]

Am 26.6.1978 erfolgt die Abverfügung zur Archivierung. Die Akte über Monika Maron wird ins Zentralarchiv gebracht und dort archiviert. Als Grund für die Archivierung der Akte wird auf der Abverfügung angegeben: „Die Person wird aus operativen Gründen von der HA II weiter bearbeitet."[110]

---

[107] BStU, AP, 11009/87, Bl.17f. Gemeint ist vermutlich Reiner Kunzes Buch: *Die wunderbaren Jahre*, wegen dem er aus dem Schriftstellerverband ausgeschlossen wurde. Zum Zeitpunkt des Berichts wird er vom MfS im OV „Lyrik" bearbeitet, er selbst ist seit April nach Bayern ausgewandert. Bei „Parow" könnte es sich um Rudolf Bahro und sein Buch *Die Alternative* handeln, aufgrund dessen Vorabdruck im westdeutschen *Spiegel* er wegen des Verdachts "nachrichtendienstlicher Tätigkeit" verhaftet und zu acht Jahren Haft verurteilt wird. 1979 wird Bahro aufgrund internationalen Drucks aus der Haft entlassen. Bahro emigrierte daraufhin in die BRD.
[108] Pawels Briefe, S.198.
[109] Heuchelei und Niedertracht, S.38.
[110] BStU, AP, 11009/87, Bl.25.

Major Daum notiert handschriftlich unter die letzte Einschätzung:

> Der Kontakt zur Person wird auf Weisung des Gen. Generalmajor Großmann eingestellt. Die Bearbeitung der Person wird von der [unleserliches Zeichen] HA II/ Gen. Pospischel fortgesetzt. Die HA II erhielt zur Bearbeitung der Person Maron die erforderlichen Originaldokumente.[111]

Der Abschied von Mitsu muss sich dramatisch abgespielt haben. Selbst der so nüchtern berichtende Daum beschreibt: „Mit Tränen in den Augen und sichtlich gerührt verabschiedete sich ‚Mitsu' durch eine Umarmung von dem operativen Mitarbeiter"[112].

Die KP „Mitsu" war damit für die HV A als Perspektivkader abgeschrieben und wurde bei der HA II ab 1978 in dem umfangreichen OV „Wildsau" weiter bearbeitet, wobei der vorgangsführende Offizier der HA II das von der HV A übergebene Material in den OV einlegte und darüber hinaus eine Allgemeine Personenablage mit den Kopien anlegte, wodurch der seltene Fall eintrat, dass Material der HV A erhalten blieb.[113]

1978 trat Maron auch aus der SED aus, in die sie 1965 eingetreten war.

Das Abenteuer Stasi war beendet. Was nun folgte, war nicht weniger Abenteuer, denn die Stasi eröffnete einen Operativen Vorgang gegen sie, was bedeutet, dass Spitzel gegen Maron eingesetzt wurden, die über sie berichten sollten.

### 2.5 Eröffnung des Operativen Vorgangs *Wildsau*

Seit 1978 wurde über Monika Maron eine neue Akte beim Staatssicherheitsdienst geführt. Diese Akte beinhaltete keine Treffberichte oder eigene Berichte mehr, sondern war eine Operativ-Akte.

---

[111] BStU, AP, 11009/87, Bl.16.
[112] BStU, ZA, AOP 6784/89, Bd.1, Bl.301.
[113] Walther, S.525.

Gegen missliebige Personen, gegen die ein operatives Verfahren lief, wurde mit den unterschiedlichsten Mitteln vorgegangen. Das MfS setzte hierfür die ganze Bandbreite seines Instrumentariums ein und arbeitete auch mit anderen Behörden, wie der Post oder Polizei, eng zusammen.[114]

Die Akte zum *OV Wildsau* gegen Monika Maron steht zur wissenschaftlichen Einsichtnahme leider nicht zur Verfügung[115], weshalb die sehr umfangreiche Akte die Sachlage nicht aus MfS-Sicht untermauern kann. Einen Eindruck der Perfidie und des Erfindungsreichtums des MfS bei solchen Operativen Vorgängen, die der „Zersetzung" des „Objektes"[116] dienen sollten, vermitteln aber auch bekannte OV-Akten.

Als Anlage zu einem Maßnahmeplan der HA XX/OG vom 4. November 1976 wurden unter dem Stichpunkt „1. Maßnahmen zur Verhinderung und Eindämmung der feindlichen, politisch-ideologischen Wirksamkeit / Verbreitung" gegen Wolf Biermann u.a. folgendes geplant, im „Operationsgebiet": „z.B. geeignete Journalisten-IM zur Diffamierung einsetzen (sinnentstellende Äußerungen usw. in Presse oder anderen Massenmedien veröffentlicht) [und] über IM Konflikte zwischen den Verlegern herbeiführen", in der DDR: „Manuskriptdiebstähle und Unbrauchbarmachung von technischen Hilfsmitteln: Tonbandgeräte und andere Geräte zerstören bzw. durch gleich zu erkennende Eingriffe funktionsuntüchtig machen, Filme belichten, Bänder löschen – Verbreitung sinnent-

---

[114] vgl. Walter, S.191.
[115] Monika Maron hat schon in der Vergangenheit das gesetzliche Einspruchsrecht vor der Herausgabe ihrer Akten genutzt und so von ihrem Recht Gebrauch gemacht, die teils sehr persönlichen Informationen nicht zu veröffentlichen. Mit Respekt vor dieser Entscheidung stehen die Akten des *OV Wildsau* dieser Arbeit nicht zur Verfügung.
[116] Bereits das Vokabular der Stasi macht deutlich, wie sehr man versucht war, die Opfer zu entmenschlichen und wie Sachen zu behandeln. Die Begriffe „zersetzen" oder „neutralisieren" verdeutlicht die euphemistische MfS-Wortwahl, die dem Vorgang einen bürokratischen und beinahe naturwissenschaftlichen Nachklang gab, dem das Leid der Opfer grotesk gegenüber stand. vgl. Walther, S.22.

stellender Verfälschung – Nachahmung von Texten und Musik." Unter Stichpunkt „2. Maßnahmen zur Zersplitterung und Verunsicherung des Verbindungs- und Anhängerkreises sowie der eigenen Person": „ – fiktive Werbungen – Desinformationen hineintragen zur Schaffung von Widersprüchen – Verdächtigung von Einzelpersonen über Zusammenarbeit mit dem MfS (kann auch auf eigene Person angewendet werden) [...] – Störung des Verbindungssystems: häufige Veränderung der Telefonnummer, Leitungsstörungen verursachen (z.B. wenn wichtige Verabredungen geplant sind) – Festnahmen (Schaffung von Bedingungen, die zu kriminellen Handlungen führen), z.B. Trunkenheit am Steuer usw. – Auftritte von ‚Widersprechern' bei Zusammenkünften organisieren – ständige ideologische Auseinandersetzung: dosiert, daß er selbst zu zweifeln beginnt – zielgerichtete Heranziehung zum Wehrdienst." Unter „3. Maßnahmen zur Schaffung psychischer Belastungen" zeigen die Tschekisten ihre ganze Menschenverachtung und Destruktivität: „ – Zerstörung seines Persönlichkeitsbildes durch negative Beeinflussung seiner Lebensgewohnheiten z.B.: zum Alkoholmißbrauch veranlassen, zu sexuellen Ausschweifungen (Minderjährige) veranlassen (Möglichkeit für E[rmittlungs]V[erfahren] durch K[riminalpolizei] prüfen und veranlassen) – Liebesverhältnisse, die bestehen, zerstören – falsche ärztliche Behandlung – persönliches Eigentum beschädigen: PKW, Wochenendgrundstück, Boot usw. [...] – anonyme Anrufe". Schließlich werden unter „4. Maßnahmen zur Auseinandermanipulierung von Zusammenkünften, Veranstaltungen usw." die „gesellschaftlichen Kräfte" mobilisiert: „Hauptmaßnahme: Ständige offensive Argumentation durch fähige politisch hochgebildete Kräfte, die die Falschheit der Gegenargumente glaubhaft und verständlich widerlegen. – Gezielte politische Arbeit durch: Gegenveranstaltungen, Beeinflussung des Veranstalters – gezielte Kräfte durch Legenden und operative Kombinationen.

Auf Personen bezogen: – durch Aussprachen bei staatlichen Stellen (siehe Biermann – Löffler) durch ‚Lob' bei den anderen Haß erzeugen (Spaltung, Entfernung voneinander) – mittels Parteiauftrag bestimmte Personen zur zielgerichteten Veröffentlichung in Parteipresse veranlassen (siehe Hauser, Harald)".[117]

In anderen Fällen versandte das MfS z. B. Homosexuellen-Pornobilder an die Nachbarn des zu Bearbeitenden oder verbreitete Gerüchte über ihn.[118]

Die OV wurden (wiederum bezeichnend für die Stasi-Arbeit) zumeist auch mit schändlichen oder entwürdigenden Namen versehen. Ob dies dazu diente, die Mitarbeiter zu emotional ablehnendem Vorgehen zu motivieren oder die zu bearbeitende Person zum „Fahndungs-Objekt" zu entmenschlichen, wie dies auch Eigenschaft des allgemeinen Stasi-Vokabulars war, muss Spekulation bleiben. Monika Maron jedenfalls empfand die Bezeichnung ihres OV als demütigend:

> Das ist so eklig und demütigend. Es geht damit los, daß ich in den Akten „Wildsau" heiße. Darüber kann man am Anfang lachen. Wenn man dann liest „die Bücher der Wildsau", „das Kind der Wildsau", „die Wildsau verläßt das Haus um 17.23 Uhr", „um 17.46 Uhr kommt die Wildsau zurück", dann wird einem irgendwann schlecht – oder man nimmt den Namen an, und das ist pervers.[119]

Die Gründe für die operative Bearbeitung Monika Marons mögen vielschichtig gewesen sein. So lieferte schon ihre deutliche Opposition gegen einzelne politische Entscheidungen, die sie auch gegenüber ihrem Führungsoffizier Daum wiederholt äußerte, eine mögliche Rechtfertigung und machte dem MfS die Einschätzung Marons als staats-

---

[117] BStU, ZA, AOP 11806/85, Bd.55, Bl.132-134. Zitiert nach: Walther, S.361f.
[118] vgl. Walther, S.328, 322.
[119] Ich hab ein freies Herz, S.192.

feindliche Oppositionelle leicht. Hierzu trugen sicher auch ihre Verbindungen zu anderen Dissidenten bei.

Den vermutlich wichtigsten Grund aber lieferte Maron durch ihr Buch *Flugasche*, das sie Major Daum gar zum Lesen überließ.[120] *Flugasche* wurde vom Staatssicherheitsdienst als staatsfeindlich eingeschätzt, was natürlich die Bearbeitung der Autorin dieser staatsfeindlichen Bücher zur Folge hatte.

Dies galt zunächst nur für die Person Monika Maron. Dass später auch noch ihre Mutter Hella, die Frau des verstorbenen Ex-Innenministers Karl Maron und selbst als alter Parteikader geltend, aus der Parteileitung ausgeschlossen wurde, weil sie sich nicht öffentlich von ihrer Tochter distanzierte[121], war nur der Vorbote größerer Konsequenzen:

> Im November 1985 wies der „Genosse Minister" Mielke die Abteilung II/6 seines Ministeriums an, dass Helene Maron, geborene Iglarz, Journalist, Rentner, künftig als „Fahndungsobjekt ... wegen Verdachts der Kuriertätigkeit zwischen gegnerischen Kräften operativ" zu bearbeiten sei.[122]

---

[120] vgl. Anm.109.
[121] Pawels Briefe, S.203.
[122] Pawels Briefe, S.204.

## 3  Monika Marons Kampf um Öffentlichkeit

Das Literatursystem der DDR provozierte Reaktionen der Betroffenen. Sein ausgesprochen autoritäres und polarisierendes Vorgehen konnte zu verschiedenen Strategien der Schriftsteller führen. Sie reichten von passiver Akzeptanz oder Fügung auf der einen Seite des Spektrums, seltener auch zu aktivem Widerstand auf der anderen. In jedem Fall aber prägte es Verhalten und Werk der betroffenen Schriftsteller.

Ein weiteres Phänomen der DDR-Literaturlandschaft war das Fehlen einer „Öffentlichkeit" als Podium des gesellschaftlichen Diskurses. York Gothart Mix verweist in seinem Aufsatz „Zehn Jahre deutsch-deutscher Literaturstreit. Zensur und Selbstzensur in der DDR" auf die Nichtexistenz eines eigenen Öffentlichkeitsbegriffes in der Marxistischen Theorie[123]. Diese Öffentlichkeit, die man in den westlichen Gesellschaftssystemen als vom Staat ungesteuerten Meinungsbildungsprozess der Bevölkerung kennt, war in der sozialistischen Gesellschaft als selbstkonstituierende Kraft nicht vorgesehen. Deshalb war der von ihr gestaltete kulturelle Freiraum in der Gesellschaft konsequent institutionalisiert. Es gab auch in der DDR eine Öffentlichkeit, aber keine bürgerlich pluralistische, sondern eine streng staatlich reglementierte. Auch Jürgen Habermas beschäftigt die Frage nach Öffentlichkeit in der sozialistischen Gesellschaft. In seiner Studie *Strukturwandel in der Öffentlichkeit* stellt er fest:

> Die Konjunktur des Begriffs der Zivilgesellschaft verdankt sich jener Kritik, die vor allem Dissidenten aus staatssozialistischen Gesellschaften an der totalitären Vernichtung der politischen Öffentlichkeit geübt haben. [...] Vor dieser Folie wird verständlich, warum in der Zivilgesellschaft die meinungsbildenden Assoziationen, um die sich autonome Öffentlichkeiten kristallieren können, eine prominente Stellung einnehmen.

---

[123] vgl. Mix: Zehn Jahre deutsch-deutscher Literaturstreit, S.196. vgl. außerdem Hölscher, S.463f.

> Die totalitäre Herrschaft unterwirft gerade diese kommunikative Praxis der Bürger der Kontrolle der Geheimdienstapparate. [...] Schrittmacher der Revolution waren jene freiwilligen Assoziationen in den Kirchen, den Menschenrechtsgruppen, den ökologische und feministische Ziele verfolgenden Oppositionskreisen, gegen deren latenten Einfluß die totalitäre Öffentlichkeit immer schon gewaltsam stabilisiert werden musste.[124]

Viele gesellschaftliche Prozesse, die sich zuvor noch in solch einer „bürgerlichen" Öffentlichkeit abgespielt hatten, wurden nun zusehends ins Private abgedrängt. Bücher, deren Erscheinen der Staat verhindern wollte, wurden in „Selbstverlagen"[125] gedruckt, solche, deren Auflage der Staat eingeschränkt hatte, um ihre Verbreitung zu verhindern, wurden unter der Hand weitergegeben. Lesekreise und Literatenzirkel gründeten sich, die Szene begann, sich neu zu organisieren.

Langsam konstituierte sich in der DDR eine ‚Gegenöffentlichkeit', die zunehmend im ‚Untergrund' agierte und von den Institutionen des Literatursystems nicht mehr ausreichend kontrolliert werden konnte. Als Folge gewann der Geheimdienst immer stärkere Bedeutung in der Literaturlandschaft der DDR.

Das Fehlen einer solchen bürgerlichen Öffentlichkeit wird in Monika Marons erstem Roman *Flugasche* thematisiert. Er handelt von einer Journalistin, der man eine Reportage aufträgt, die ihr zur Enthüllung gerät. Mit Enthüllungen aber, besonders in Form von Kritik am System, kann die journalistische Zunft der DDR, durchsetzt von Spitzeln und vom Staat auf Linie gebracht, nichts anfangen.

---

[124] Habermas, S.47.
[125] Samisdat (verkürzt von russ. Samsebjaizdat: „Selbstverlag") bezeichnet eine Form von Publikation in der UDSSR seit Ende der 1950er-Jahre bis zur Politik der Perestroika M. S. Gorbatschows, mit der unter Umgehung der Zensur überwiegend literarische Werke, aber auch politische und religiöse Schriften ohne offizielle Druckgenehmigung verbreitet wurden. Vgl. Brockhaus, Bd.19, S.83.

Maron thematisiert zugleich eine eigene Berufserfahrung als Journalistin. Ihr Anlass zum Schreiben und die Art ihrer Kritik am System sind besonders stark biografisch geprägt.

### 3.1 Regimekritik und Selbstverständnis

Monika Marons Abneigung gegen das Regime wird in ihren Werken immer wieder deutlich. Sie führt eine Vielzahl von Angriffen gegen die Staatsführung, zumeist in ihren Romanen und in manchen Essays. Das MfS erstellte Gutachten über einige ihrer Texte, in denen es zu dem Schluss kam, dass diese Texte Anlass zur strafrechtlichen Verfolgung der Autorin böten.

Die Subjektivität ihres Selbstbildes lässt sich kaum zu einem objektiven Bild von Monika Maron zusammenstellen, ohne Widerspruch zu provozieren. Allerdings ist die Darstellung ihres Selbstbildes für das Verständnis ihres Widerstands unumgänglich. Dieses Husarenstück wird versucht in dem Bemühen, bewusst subjektive Quellen sprechen zu lassen. Indem sie einander gegenüber gestellt werden, sollen sie durch ihre jeweilige Perspektive zu einem Gesamtbild beitragen. Sie ergeben zugleich einen Eindruck von den Kräften, die in diesem Raum heiß umkämpfter Deutungshoheit über die eigene Biografie auf einander einwirken.

Nachfolgend wird Monika Marons Selbstverständnis aus drei Perspektiven beleuchtet: Zunächst wird das politische und persönliche Anliegen in der Regimekritik Marons in ihren Selbstzeugnissen dargestellt. Die Zusammenfassung ihres subjektiven Standpunktes wird in einem zweiten Abschnitt ergänzt durch Textbelege aus ihrem Werk, bevor ihm in einem dritten Schritt anhand von Auszügen aus Stasidokumenten die Einschätzung des Staates gegenüber gestellt wird.

Wie im Folgenden gezeigt wird, sieht Maron die Wurzeln ihrer Regimekritik in den Konflikten ihrer eigenen Familie. Ihre Probleme mit Stiefvater Karl, das ambivalente Verhältnis zur Mutter Hella und die frühe Identifikation mit den Großeltern, in denen Maron Vorbilder für das eigene Leben sucht, legen den Grundstein für ihre spätere Abneigung gegen das Regime. Dergestalt entwickelt sich aus der Abneigung gegen den das sozialistische System repräsentierenden Stiefvater eine sehr feinfühlige Wahrnehmung des DDR-Alltags. Hieraus entsteht die kritische Haltung, die Monika Maron später oft in Schwierigkeiten bringt.

Während der Beschäftigung mit Marons Verhältnis zum Stiefvater und ihrer Rebellion gegen den Staat fällt auf, wie sehr ihre Situation psychoanalytischen Mustern entspricht. Die Darstellung ihrer Kindheit bezweckt jedoch nicht, dies hervorzuheben. Diese Arbeit klammert die psychoanalytische Perspektive bewusst aus.

### 3.1.1 Marons Vorbedingungen für ihre kritische Einstellung zum Staat

Monika Eva Iglarz wird am 3.6.1941 in Berlin-Neukölln geboren[126]. Ihre Mutter ist Helene Iglarz, ihr leiblicher Vater heißt Walter.[127] Wegen der antijüdischen Gesetzgebung dieser Zeit können Helene (Hella) und Walter nicht heiraten, denn Hella hat einen jüdischen Vater, Pawel. Walter wird am 1.9.1939 zum Kriegsdienst eingezogen[128]. 1945 lernt Hella Karl Maron kennen, der zu dieser Zeit der stellvertretende Oberbürgermeister Berlins ist. Hella arbeitet als seine Sekretärin. 1951 zieht Karl zu Hella, die mit ihrer Tochter Monika und Schwester Marta bislang allein gelebt hat. Zwei Jahre später nehmen Hella und Monika die deutsche Staatsbürgerschaft an. 1955 heiraten Hella und Karl.

Karl Maron macht Karriere. 1945 mit der Gruppe Ulbricht aus dem Moskauer Exil und zeitweiligem Aufenthalt im berüchtigten *Hotel Lux*[129] nach Berlin zurückgekehrt, wird er bald schon zum Chef der

---

[126] Die folgenden biografischen Informationen stammen fast ausschließlich von der Autorin selbst. Sie entsprechen ihrer publizistischen Selbstsicht und können deshalb stilisiert oder verfälscht sein.
[127] Pawels Briefe, S.17. Sein Nachname wird von Monika Maron nicht genannt.
[128] Pawels Briefe, S.114.
[129] vgl. Stille Zeile Sechs, S.27: Die „Moskauer Herberge für Kommunisten aus aller Welt und für viele von ihnen die Todesfalle."

Volkspolizei und schließlich zum Innenminister[130]. Auch Hella ist, wie auch ihre Geschwister, seit ihrer Jugend in der Weimarer Republik Kommunistin.

Die Jugend in dieser Familie,[131] „die sich mit der DDR nicht nur identifizierte, sondern sie auch repräsentierte"[132], prägt Monika.

> Sie marschierte im Blauhemd an Tribünen vorbei oder saß neben den Eltern selbst auf der Tribüne. Die Kinderperspektive erinnernd, spricht Monika Maron von einem ‚glaubhaften Pathos'.[133]

Das Verhältnis zwischen Monika und ihrem neuen Vater ist allerdings nicht unbelastet. Es kommt zusehends zur Rebellion der Tochter, von der Karl Maron nie ganz akzeptiert wird. Als viele Jahre später Karl stirbt, schreibt Hella über seinen Tod:

> Monika, Jonas und ich standen in der Tür, als mein Mann hinausgetragen wurde, jeder mit anderen Gefühlen. Ich mit dem des schmerzlichen Verlusts; Monika, davon war ich überzeugt, mit dem der Befreiung, der Befreiung von einem Menschen, mit dem sie zwar seit vierundzwanzig Jahren familiär verbunden war, zu dem sie aber in all den Jahren keinen Zugang fand, wie es auch umgekehrt gewesen sein muß.[134]

Monika Maron lässt ihre Protagonistin Rosalind sich in *Stille Zeile Sechs* an deren Vater folgendermaßen erinnern:

> Zitronencreme war die Lieblingsnachspeise meines Vaters [...]. Zur Rückkunft meiner Eltern aus ihrem Erholungsurlaub in Thüringen rührte ich aus zwanzig Eiern die größte Schüssel Zitronencreme, die mein Vater in seinem Leben gesehen ha-

---

[130] vgl. Pawels Briefe, S.190.
[131] Maron selbst beschreibt ihre familiäre Nähe zum Regime folgendermaßen: „Ich bin aufgewachsen unter Generälen. Meine Mutter hat für Mielke Schmalzstullen geschmiert." (Meine Mutter hat für Mielke Schmalzstullen geschmiert, S.25.)
[132] Ein Schicksalsbuch, S.13.
[133] Wiedemann, S.22.
[134] Pawels Briefe, S.192.

> ben dürfte, und stellte mir vor, wie er mit einem großen Löffel ganz allein daraus essen würde, hin und wieder einen dankbaren Blick zu mir sendend, nur zu mir.
> Er fraß die halbe Schüssel Zitronencreme vor meinen Augen leer. Die hat Rosi gemacht, sagte Ida leise. [...] Wer weiß, was mit Männern im Krieg passiert. Für meinen Vater schien es normal zu sein, dass seine Lieblingsnachspeise in ausreichender Menge auf dem Tisch stand, schuldig war er dafür keinem etwas. Er fraß und fraß. Mich schickten sie früh ins Bett. [...] Ich sagte, ein Kommunist sei jemand, der sich bei einem Kind, das ihm eine große Schüssel Zitronencreme schenkt, nicht bedankt, weil er gerade mit der Weltrevolution beschäftigt ist.[135]

Die Gründe für das Scheitern des Familienfriedens der Marons mögen vielfältig gewesen sein. Monika ist vor Karls Einzug in einem Frauenhaushalt aufgewachsen. Dass das neue Familienmitglied Karl Maron wohl auch Anlass zur Eifersüchtelei um Aufmerksamkeit bot, mag zum Potenzial sozialen Sprengstoffs in der Familie beigetragen haben, die Folgen hieraus sind aber spekulativ. Mehr Anhaltspunkte finden sich über Monikas Wahrnehmung der Persönlichkeit ihres Vaters. In ihrem Roman *Stille Zeile Sechs* rechnet sie Jahre später mit einem pensionierten ‚Partei-Granden' ab, der die Merkmale ihres Stiefvaters trägt.[136]

---

[135] Stille Zeile Sechs, S.158ff.

[136] Die internationale Fachwelt sieht dies genauso: "In Stille Zeile Sechs, Maron casts Beerenbaum as a typical figure whose biography meshes with that of such political personages as Walter Ulbricht, Wilhelm Pieck and her own stepfather, Karl Maron." (Rossbacher, S.16.) „Die Protagonistin wünscht sich, wie schon in dem Roman Die Überläuferin, den Tod der älteren Generation, um ihr eigenes Leben leben zu können. Immer wieder verdeutlicht sich diese Haltung in ihrer Auseinandersetzung mit dem Stiefvater." (Dietrich, S.257.) „Zweifellos arbeitet sich Monika Maron mit diesem Buch, die quälenden, aggressions-geladenen Erinnerungen verfremdend, auch an ihrem eigenen Stiefvater Karl Maron ab." (Emmerich, S.490.)

Beerenbaum wird in *Stille Zeile Sechs* als unbelehrbar dargestellt, und hierbei repräsentiert er auch die ganze politische Gründergeneration der DDR. Der Kampf der Protagonistin Rosalind gegen diesen autoritären, ideologisch orthodoxen und machtwilligen alten Mann gewinnt auf diese Weise Aussagekraft für einen Generationenkonflikt, den Maron in der DDR wahrnimmt:

> In dieser Minute begriff ich, daß alles von Beerenbaums Tod abhing, von seinem und dem seiner Generation.[137]

> Euer eigenes Leben hat euch nicht gereicht, es war euch zu schäbig, ihr habt auch noch unsere Leben verbraucht[138].

Da Karl Maron das kommunistische System repräsentiert, ist für Monika die Kritik am System sicher auch ein Aufbegehren gegen die Eltern. So entwickelt sich aus all diesen Faktoren langsam Monikas Unwille gegen das System, die Obrigkeit, den Vater.

Wohl in dieser Zeit findet sie mehr und mehr Interesse an den Geschichten Hellas über Monikas Großeltern, besonders den Großvater Pawel. Bald beginnt sie, sich mit ihm stärker zu identifizieren, als sie dies mit ihren Eltern kann oder will.

Allerdings hat sie Pawel niemals persönlich kennen gelernt, sondern kann sich nur aus Erzählungen, Briefen und Bildern eine Person rekonstruieren, deren Authentizität keineswegs sicher ist. Das ist Maron bewusst.

> Erinnern ist für das, was ich mit meinen Großeltern vorhatte, eigentlich das falsche Wort, denn in meinem Innern gab es kein versunkenes Wissen über sie, das ich hätte zutage fördern können. Ich kannte die Umrisse der Geschichte, der das Innenleben und erst recht meine innere Kenntnis fehlten.[139]

---

[137] Dietrich, S.257.
[138] Stille Zeile Sechs, S.207.
[139] Pawels Briefe, S.8.

Diese Konstruktion einer Identität für ihren Großvater (und dadurch auch für sich selbst) begründet sie im Jahr 2002 für die *Süddeutsche Zeitung* folgendermaßen:

> [...] diesem aus unzähligen Quellen zusammengeflossenen Verlauf unserer Lebenszeit einen Sinn zu geben, indem wir ihm eine Kausalität erfinden und damit uns selbst eine erzählbare Biografie.[140]

Pawel ist für Monika aber noch mehr als nur ein Vorfahr, den sie mit einigen Freiheiten rekonstruiert. Pawel ist vor allem Opfer.

Monikas Großeltern haben Berlin schon 1939 verlassen, zwei Jahre vor Monikas Geburt. Pawel ist als polnischer Jude bereits 1938 des Landes verwiesen worden und musste dann im Niemandsland zwischen Deutschland und Polen kampieren, weil Polen jenen Juden die Einreise verweigerte.[141] 1939 kommt er zurück, um seine Angelegenheiten zu regeln, und seine Frau Josefa entscheidet sich gegen die Scheidung als einzige Alternative zur Emigration. So ziehen beide wieder nach Kurow, Polen. 1942 wird Pawel ins Ghetto Belchatow bestellt und nicht wieder fort gelassen. Das Ghetto Belchatow wird 1942 liquidiert. Josefa stirbt 1942 in ihrem Häuschen in Kurow[142].

„Vor allem aber gab es ihren Tod, der sie immer mehr sein ließ als meine Großeltern. Sie waren der gute, der geheiligte Teil der furchtbaren Geschichte."[143] Im Gegensatz zu den Eltern, die Monika Maron immer mehr als Täter sieht, sind die Großeltern Opfer. Sie wurden nicht schuldig. Diese Frage nach der Schuld sieht sie in einem Zitat Ernst Tollers aufgegriffen:

---

[140] Lebensentwürfe, Zeitenbrüche, S.18.
[141] Pawels Briefe, S.16.
[142] ebd. S.20f.
[143] ebd., S.8.

Muß der Handelnde schuldig werden, immer und immer wieder? Oder, wenn er nicht schuldig werden will, untergehen?[144]

Wann Monika Maron erste Zweifel am sozialistischen System selbst bekommt, ist nicht recherchierbar. Das vielleicht früheste gesicherte Erlebnis mit der Schattenseite des Systems schildert Conrad Wiedemann:

> Während sie noch Geburtstagsgedichte für Wilhelm Pieck schrieb und rezitierte und im Garten aus Blütenblättern „Es lebe der 1. Mai" legte, gab es da allerdings auch schon die Geschichte mit dem Vater der Freundin Heidi, Altkommunist und Korrektor beim Neuen Deutschland, der einen fatalen Druckfehler übersah (KZ für ZK) und dafür ins Gefängnis verschwand. Eine Kindheitsverzehr-Geschichte.[145]

Die Marons ziehen in das Ostberliner Prominentenviertel Pankow. Monika wird standesgemäß erzogen, zunächst in einem Internat, dann in der bekannten *Wilhelm-Pieck-Schule*[146].

Ein Jahr später, nach dem Abitur im traditionsreichen Grauen Kloster, der ostentative Abschied von den Eltern. Monika Maron ging ohne Gruß und Adresse von zu Hause weg und arbeitete ein Jahr als Fräserin in einem Dresdner Flugzeugwerk. Natürlich kehrte sie zurück, wenn auch nicht mehr ins Elternhaus, sondern in ein Brouillon aus Theater, Boheme, Studium und drei Kurzehen (zwei davon mit demselben Partner).[147]

Die Flucht von Zuhause, der bewegte berufliche Werdegang, nicht zuletzt die Ehen deuten an, dass Monika Maron in dieser Zeit orientierungslos nach einer eigenen Lebenskonzeption sucht. Die ihrer Eltern

---

[144] Stille Zeile Sechs, S.41.
[145] Wiedemann, S. 22.
[146] vgl. ebd.; Dietrich, S.36.
[147] Wiedemann, S.22.

hat sie verworfen, ebenso ihre eigene systemkonforme Kindheit. Sie studiert nun Theaterwissenschaft an der Berliner *Humboldt-Universität* und lehrt für drei Jahre als Aspirantin an der örtlichen Schauspielschule[148].

1969 wird ihr Sohn Jonas geboren, und sie bricht die Promotion ab. Nun arbeitet sie als Journalistin für mehrere Zeitungen, darunter *Für Dich* und *Wochenpost*.[149] „Für ihre Reportagen wurde Monika Maron mit einem Journalistenpreis ausgezeichnet."[150]

Gleichzeitig ringt sie um ihre Haltung zum System. Ein Journalistenpreis in der DDR setzt sicher systemkonforme Berichterstattung voraus. In ihrem kurze Zeit später geschriebenen Roman *Flugasche* zeichnet sie aber auch die Skrupel der Protagonistin Josefa auf, solch geschönte Reportagen zu schreiben. Ihr Freund Christian rät Josefa:

> 'Schreib doch zwei Varianten. Die erste, wie es war, und eine zweite, die gedruckt werden kann.'
>
> Das sei verrückt, sage ich, Schizophrenie als Lebenshilfe – als wäre kultivierte Doppelzüngigkeit weniger abscheulich als ordinäre. Ein zynischer Verzicht auf Wahrheit. Intellektuelle Perversion.
>
> Christian winkt ab. [...] ‚Ist immerhin besser als deine Selbstzensur: rechts der Kugelschreiber, links der Rotstift.'[151]

Der Zwang zur geschönten Reportage ist es, der Josefa zum Bruch mit ihrem Arbeitgeber und ihrer Gesellschaft bringt, und auch die wirkliche Monika Maron lebt im Spannungsverhältnis zwischen Erlebtem und Druckbarem. Anders als die später erfundenen Romanhelden widersetzt sie sich aber nicht.

---

[148] vgl. Wiedemann, S. 22
[149] ebd.
[150] Dietrich, S.37.
[151] Flugasche, S.24.

1975 stirbt ihr Stiefvater Karl Maron. Monika empfindet ein Gefühl von Befreiung. Sie erhält ein kleines Erbe. Mit diesem Ereignis beginnt auch Marons Schriftstellerei.

In ihren Romanen wird dieses Ereignis immer wieder thematisiert. Hierbei wird deutlich, dass sie nun nicht nur eine Entscheidung trifft, ihren Beruf zu wechseln, sondern dass sie diesen Schritt auch als aktiven Bruch mit dem System empfindet.

Die Literaturwissenschaftlerin Kerstin Dietrich beschreibt diesen Bruch als „den Sprung in das freie Autoren/innenleben, der ein Leben in einer ‚geistigen und politischen Gegenlegalität' zur Folge hatte."[152]

In ihrem zweiten Roman *Die Überläuferin* beschreibt sie die Protagonistin Josefa, der plötzlich die Beine versagen. So in den Stuhl in ihrem Zimmer gefesselt, kann sie nicht mehr zur Arbeit gehen. Die selbe totale Verweigerung beschreibt Maron in *Stille Zeile Sechs*. Rosalind[153] will nicht mehr zur Arbeit, zur „Barabasschen Forschungsstätte".

> Am Morgen stand ich nicht auf. [...] langsam, wie zufällig, ordnete sich ein Satz in meinem Kopf: Ich werde nicht mehr für Geld denken. Den Rest des Tages verbrachte ich im Bett.[154]

In ihrer Familiengeschichte *Pawels Briefe* blickt Maron auf jene Wende in ihrem Leben zurück. Prosaisch beschreibt sie diese Entscheidung nach dem Tod ihres Stiefvaters:

> [Ich] kündigte meine Stellung als Reporterin bei der ‚Wochenpost' und begann eines Morgens nach dem Frühstück, ein Buch zu schreiben.[155]

---

[152] Dietrich, S.37.
[153] Die Protagonistinnen sind in Marons drei ersten Romanen grundsätzlich dieselben, weshalb sie in der Forschungsliteratur auch als Marons Trilogie bezeichnet werden. Die Beschreibungen knüpfen aneinander an, weshalb Rosalinds Verweigerung in *Stille Zeile Sechs* an die Josefas in *Die Überläuferin* erinnert.
[154] Stille Zeile Sechs, S.23f.
[155] Pawels Briefe, S.193.

### 3.1.2 Marons Kritik an Führung und System der DDR

Wenn auch die Opposition gegen das Regime mit der Opposition gegen den Vater begonnen haben mag; die in Marons Werken geäußerte Kritik ist vielschichtiger und geht über das schlechte Verhältnis zu Karl Maron weit hinaus. Viele ihrer zentralen Kritikpunkte betreffen allerdings einen Aspekt des Systems, der durchaus väterlich bevormundende Züge trägt. Der Generationenkonflikt der DDR-Gesellschaft zwischen der Gründergeneration und der ihrer Kinder projiziert eine zunächst familiäre Problematik auf die staatliche Ebene. Eine Emanzipation dieser zweiten Generation würde Mündigkeit durch Machtteilhabe bedeuten, aber Einfluss auf Werte und Staatsführung ihrer Gesellschaft wurde ihr von der Vätergeneration bis zuletzt strikt verwehrt. Auch die starren Hierarchien, die diese Generation besetzt hielt und verteidigte, führten zu einer zunehmenden Orientierung der Jüngeren auf eigene Gesellschaftsebenen, manchmal sogar den ‚Untergrund'. Dies wurde noch gefördert durch ein Fehlen der Öffentlichkeit, die als Plattform der autonomen Meinungsbildung hätte dienen können. Durch ihre Abwesenheit aber drängte sie manchen eigentlich öffentlichen Diskurs, etwa über die Werte der Gesellschaft und Modernisierung, ab ins Private.

Der hier skizzenhaft überzeichnete Typus des machtbesessenen, autoritären Gründerzeit-DDR-Bürgers findet sich wieder in den Charakteren der Romane Monika Marons. Maron selbst zählt sich freilich zur jüngeren Generation, und auch ihre Protagonistinnen müssen sich jener alten Generation immer erwehren. Besonders deutlich wird dies im Roman *Stille Zeile Sechs*, den Maron bereits 1985 begann, aber erst nach der deutschen Wiedervereinigung beendete. Der pensionierte Parteifunktionär Beerenbaum ist der große Gegenspieler der Protagonistin Rosalind Polkowski. Aber auch zahlreiche weniger wichtige Charaktere entstammen der älteren Generation. Hierbei ist auffällig, dass besonders die älteren Männer immer als ausgesprochen widerwärtig beschrieben werden. Sind sie aber nicht die Täter, Mächtige des Regimes, wie etwa Beerenbaum, sondern Opfer, wird ihre Unterlegenheit gegenüber dem

Regime immer als körperliche Behinderung dargestellt, was die Auswirkungen ihrer jahrelangen Leiden in der DDR veranschaulicht.

Kathrin Louise Gräbener bringt diese Beobachtung auf den Punkt:

> Monika Marons alte Männer sind äußerlich alle Krüppel.[156]
>
> Die Nebenfiguren in Monika Marons Romanen bilden ein Panorama der durch die Diktatur verstümmelten, um die eigene Biographie betrogenen, denunzierten und opportunen Leben.[157]

Bereits in ihrem Roman *Flugasche* beschreibt Maron die Gestalt Rudi Goldammer, den Vorgesetzten ihrer Protagonistin Josefa Nadler. Goldammer kam unter den Nazis mit 19 für elf Jahre ins Konzentrationslager.

> Als sei das Maß an Schmerz und Bösem voll, das er in seinem Leben zu ertragen fähig war, war er außerstande, Schmerzen oder Böses zuzufügen. Alles Gründe, Rudi zu lieben, für den Chefredakteur der Illustrierten Woche aber verhängnisvolle Eigenschaften, deren Konsequenzen Rudi Goldammer sich immer wieder durch Magenkrämpfe oder Zahnweh entzieht.[158]

Goldammer ist ein Opfer der deutschen Geschichte, gleichzeitig aber auch ein Opfer seiner Gesellschaft, die ihn ‚herumschubst' und seine Konfliktscheue auszunutzen versteht. Im KZ musste Goldammer als Kapo Menschen auf die Todeslisten setzen. Seither will er sich jeder Verantwortung entziehen.[159]

Auch Josefa Nadlers Kollege Jauer, der als Zeichen einer Gehirnoperation eine rote Narbe auf der Stirn hat und keine eigenen Gedanken mehr, ist ein Opfer der Gesellschaft. Beide Charaktere zeigen ein völlig anormales Verhalten, und bei beiden drückt es sich körperlich aus.

---

[156] Gräbener, S.33.
[157] ebd., S.28.
[158] Flugasche, S.44.
[159] vgl. Gräbener, S.31.

Rudi Goldammer und Jauer führen vor, daß allein die Ausbildung pathologischer Lebensmuster ein Überleben in der deformierten DDR-Realität gewährleistet. Für das Überleben muß ein hoher Preis gezahlt werden: Der Verzicht auf die eigene Biografie.[160]

Ein drittes Beispiel ist Karl-Heinz Baron, eine Figur, die in *Die Überläuferin* und *Stille Zeile Sechs* vorkommt. Im letztgenannten Buch klärt sich der Hintergrund von Barons Gefängnisaufenthalt auf. Beerenbaum war an seiner Verurteilung schuld. Baron ist also ein moralisches Opfer des Regimes, denn er wurde unschuldig denunziert[161] und saß drei Jahre hinter Gittern. Baron, der eigentlich Sprachwissenschaftler ist, wird gemeinsam mit Rosalinds Freund Bruno in einer skurrilen Gegenwelt beschrieben, in die beide vor der realsozialistischen Realität geflüchtet sind: einer Kneipe.

Aber auch die Täter der alten Generation kommen nicht gut weg. Maron beschreibt Beerenbaum als jemanden, der

> als stolz, selbstbewußt und willensstark gelten konnte, andernfalls als anmaßend und borniert. Dazu eine Müdigkeit zwischen Augen und Kinn, die weniger vom Alter gezeichnet schien als von Ekel und Abwehr.[162]

In *Die Überläuferin* kommen noch seltsamere Charaktere vor, zum Beispiel ein alter Mann, der wie folgt beschrieben wird:

> In der Höhe des rechten Oberschenkels baumelt an dem leblosen Arm die leblose Hand, ein unsinniges Stück Fleisch. [...] Rosalind glaubt, daß der Mann zweihundert Jahre alt ist. Sie glaubt, daß der Mann unsterblich ist. Zuerst war der Mann Nazi, dann Schaffner, jetzt ist er lahm und einäugig und sammelt Kippen. Er geht und geht.[163]

---

[160] Boll, S.31.
[161] vgl. Gräbener, S.32.
[162] Stille Zeile Sechs, S.26.
[163] Die Überläuferin, S.130f.

Hier wird nicht nur ein behinderter Alter beschrieben, sondern zugleich auch der Prototyp einer geschmähten Generation. Er scheint unsterblich zu sein, völlig zerfetzt, wandert durch die deutsche Geschichte und „geht und geht".

Diese Beispiele zeigen deutlich, dass der Generationenkonflikt bei Maron im Zentrum der Auseinandersetzung mit dem Establishment der DDR steht.

Hinter diesen Darstellungen von mentalen oder körperlichen Opfern des DDR-Alltags steht auch der Vorwurf, man habe Teile seiner Identität nicht ausleben dürfen, Teile seiner Biografie verschweigen müssen. Man sei mit seiner Persönlichkeit, seinen Bedürfnissen und Neigungen nicht angenommen worden, sondern habe sich in das starre Planungskonzept des sozialistischen Alltags einfügen gemusst oder wurde gebrochen. In dieser Hinsicht geht der Wende-Ruf nach Freiheit über die Forderung, die Mauer abzureißen, weit hinaus.

Marons Bücher wurden erwartungsgemäß in der DDR nicht zur Veröffentlichung zugelassen. Derart deutliche Kritik an System und Identität des sozialistischen Staates überstiegen das tolerierte Maß an Eigensinn bei weitem.

> Die Gründe für die Nichtveröffentlichung sind offensichtlich: Die Figuren in ihren Büchern zeugen von der alltäglichen geistigen Vergewaltigung des einzelnen durch ein diktatorisches Regime.[164]

Die DDR behinderte die Freiheit des Einzelnen unter anderem durch die Negation seiner eigenen Biografie[165]. Dieser stand laut Maron ein Weltbild gegenüber, das den Menschen als Produktivkraft in Arbeitsprozesse und als revolutionäre Einheit in gesellschaftliche Strukturen einrechnete. Der Mensch wurde hier allerdings als Masse verstanden,

---

[164] Gräbener, S.1.
[165] „Biografie" wird hier im Sinne Marons verwendet als Begriff für die Summe der Erfahrungen und Erlebnisse, die die Identität eines Menschen prägen.

individuelle Verschiedenheiten wurden nur begrenzt akzeptiert. Maron ging so weit, dass sie dem Regime vorsätzlichen Diebstahl der individuellen Biografie zugunsten der Gleichschaltung der Masse vorwarf.

Der perfekteste Raub der eigenen Biographie wird in Gestalt des Klons vorgeführt, auf den Rosalind während ihres nächtlichen Ganges trifft. Er ist die Reproduktion eines menschlichen Individuums, die sich außerdem selbst für das bessere Orginal hält.[166]

Der trotzige Glaube, als ‚gleichgeschalteter Teil der Masse' zugleich der bessere Mensch zu sein, wird hier satirisch thematisiert, indem der Klon sich für besser hält als das Original.

Maron beschreibt die für sie zweifelhaften Vorzüge einer solchen Gleichschaltung deutlich. In *Die Überläuferin* resümiert Martha:

> Das Schlimmste ist, es gibt keine Fremden mehr, [...] es gibt keine oder ich erkenne sie nicht. [...] Dann würde ich wirklich alle kennen. Keine Fremden mehr, keine Geheimnisse, nur noch Plagiate.[167]

Die gewünschte Uniformität des DDR-Bürgers tritt besonders in Fragen der politischen Meinung zutage. Monika Maron hat Schwierigkeiten mit einer solch uniformen Meinungsbildung. Besonders deutlich wurde dies, als Maron als Journalistin für diverse Zeitungen der DDR arbeitete. Sie kam zum ersten Mal in ihrem Leben in persönlichen Kontakt mit der Zensur.

In ihrem ersten Roman *Flugasche*, den sie direkt nach der Kündigung ihres Journalistenberufs schreibt, stellt sich für die Protagonistin Josefa Nadler das Problem, eine Reportage über das Industriekombinat „B."[168]

---

[166] Gräbener, S.19. vgl. auch: Die Überläuferin, S.200.
[167] Die Überläuferin, S.100f.
[168] Nach einhelliger Meinung der wissenschaftlichen Sekundärquellen beschreibt Maron das Kombinat „Bitterfeld". Maron selbst erzählt von einem Aufenthalt in Bitterfeld, der dem Josefas in Flugasche stark ähnelt. „‚B.' ist für die Geschichte

schreiben zu müssen, ohne jedoch die entsetzlichen Zustände vor Ort beschreiben zu dürfen. „Sie gerät immer tiefer in den Widerspruch zwischen ihrer objektiven Funktion und ihrem subjektiven Erleben von Realität."[169] Zugleich wird hier der Widerspruch zwischen ideologischem Funktionieren und persönlichem Empfinden des Individuums deutlich, ein Widerspruch, der zu einem Spannungsverhältnis zwischen den menschlichen Bedürfnissen des Einzelnen und seiner Verpflichtung zur Gesellschaft führt oder zu einem Spannungsverhältnis zwischen öffentlichem und privatem Leben, in das sich oppositionelles Denken in der DDR vielfach zurückzieht.

Der Zwiespalt zwischen dem Gesehenen und dem, was geschrieben werden darf, bringt Josefa in arge Bedrängnis und ist Anstoß dafür, ihr Leben neu zu überdenken. Mit der Beschreibung dieses Zwiespalts erörtert Maron zugleich auch das Problem der sogenannten „Selbstzensur".

> Nichtdruckbares wird nicht zu Ende gedacht. Es ist nur ein kurzer Weg von undruckbar zu undenkbar, sobald man sich darauf eingelassen hat, die Wirklichkeit an diesem Maß zu messen; dazwischen liegt nur unaussprechlich.[170]

Als Beispiel für akzeptierte Selbstzensur fungiert Luise. Luise ist Josefas ältere Kollegin, sie gehört zwar zur ‚Gründergeneration', ist aber zugleich Josefas Mentor. Sie heißt vieles dessen gut, was Josefa an ihrem Beruf und der Gesellschaft kritisiert. Sie rechtfertigt die offensichtlichen Makel ihres Systems mit den „Mühen der Ebene"[171], die man durchschreiten müsse, um zur besseren Gesellschaft zu gelangen. Trotz aller Sympathie, die Josefa Luise entgegenbringt, ist ihr bewusst, dass Luise mit ihrer Akzeptanz dieser Mängel bereits vom System gebrochen wurde.

---

der Josefa ein austauschbares Vehikel." Monika Maron im Interview mit Gräbener. vgl. Gräbener, S.74.
[169] Gräbener, S.13.
[170] Flugasche, S.32.
[171] vgl. Flugasche, S.84.

> Heute wägt sie ab. Sie kalkuliert das Risiko, läßt lauter Lügen drucken, weil sie dafür zwischendurch wenigstens ab und zu eine halbwegs ehrliche Reportage unterschieben kann.[172]

Luise praktiziert bereits Selbstzensur. Sie hat ihr Denken den staatlichen Vorgaben, dem Druckbaren, angepasst.

> Als Ergebnis ihrer Arbeit aber lag Woche für Woche eine Zeitung vor, die ihr nicht gefiel und denen nicht, für die sie gemacht wurde, in der verschwiegen wurde, wovon Luise hätte sprechen müssen, in der nichts zu lesen war über Flugaschekammern, verätzte Bäume und vergessene Städte.[173]

Maron diagnostiziert also ein Defizit in ihrer Gesellschaft, das sich dadurch ausdrückt, dass verboten ist, manches Gedachte auszusprechen bzw. zu drucken. Häufig führt dies zu einer Abstumpfung im Denken, bis man das Undruckbare auch nicht mehr denkt bzw. wahrnimmt.

Gräbener versteht dieses literarische Aufbegehren bei Monika Maron als Kampf gegen die an sich selbst wahrgenommenen Symptome dieser Zensur.

> Die Gemeinsamkeiten in der Biographie weisen eindeutig darauf hin, daß es sich in Flugasche auch um die Verarbeitung der eigenen Defizite der Journalistin Monika Maron handelt.[174]

Hierin sieht Gräbener auch die Absicht dieser Thematisierung: „Monika Marons Ziel war nicht die Kritik am Regime. Das eigentliche Ziel war die Entdeckung der eigenen Biographie."[175] Es scheint plausibel, ihre im Widerstand geformtes Selbstverständnis auch als ein Ringen um ihren Platz in der Gesellschaft zu betrachten. Nach dem unsteten Leben bis zur Niederschrift von *Flugasche* scheint sie in verschiedenen Nuancen

---

[172] Gräbener, S.30.
[173] Flugasche, S.99.
[174] Gräbener, S.13.
[175] Gräbener, S.68.

ein Leben mit dem Staat versucht zu haben. Der Bruch mit dem Regime kam dann etappenweise. Erst durch die letztgültige Entscheidung zum Widerstand findet Maron auch für ihr privates Leben ihren festen, moralischen Standpunkt.

Wenn auch der Staat der große Widersacher der Person Monika Maron war, solange er existierte, und Maron auch die Protagonistinnen ihrer Romane mit gleichartigen Problemen konfrontierte, lag Marons Absicht nicht so sehr in der Bekämpfung ihres Staates, als vielmehr im Zurückerobern ihrer eigenen Biografie. Hiermit übernimmt Maron wieder die Hoheit über die Entscheidung, was sie wie prägen sollte in ihrem Leben. Im Roman *Die Überläuferin* bringt sie dieses Projekt auf den Punkt: „Mein Ziel bin ich."[176]

Ein anderer Kritikpunkt Marons war die fehlende Mündigkeit und Emanzipation in der DDR. Ihrer Meinung nach versuchte der Staat, seine Bürger unmündig zu halten. Der bereits erwähnte Begriff der ‚Generation der Kinder' ist also nicht nur zu verstehen als die Generation, die ihren Eltern nachfolgte, sondern auch eine ‚Generation der Unmündigen'. Dies erreichte die DDR nicht nur, indem (wie bereits beschrieben) die Gründergeneration die Machtteilhabe der Jüngeren insofern behinderte, als dass sie die Werte und Normen, die sie einst selbst gesetzt hatte, als unangreifbar definierte. Auch, indem die Individualisierung des Einzelnen hinter die Idee der uniformen Arbeiter- und Bauernklasse zurücktreten musste, gelang die Bevormundung der Junior-Generation. Maron schrieb in einem Artikel:

> Wer ein Leben lang gehindert wird, die berechenbaren Folgen seines Tuns zu verantworten und im Dialog mit seiner Umwelt

---

[176] Die Überläuferin, S.64. Diese Aussage steht mit Marons Projekt der subjektiven Authentizität in Zusammenhang, auf das in Kapitel 3.5 näher eingegangen wird. Es führt dazu, dass sie ihr Selbstbild und seine Begründungen in Erinnerungen und prägenden Situationen so selektiert, wie sie es für ihren Kampf gegen das Regime benötigt. Sie definiert sich in gewisser Weise ex negativo gegen das Establishment der DDR.

die eigenen Konturen und Grenzen zu erfahren, wird ein Leben lang nicht erwachsen werden[177].

Diese Auswirkung ihres Systems, das dergestalt zur Unselbständigkeit erzog, diagnostiziert Maron auch bei sich selbst:

> Manchmal denke ich, daß ich erst in diesem Herbst [gemeint ist der Herbst der Wiedervereinigung 1989; Anm. C.R.] erwachsen geworden bin; ich war achtundvierzig Jahre alt.[178]

Eine solche Unmündigkeit bemerkt Maron aber schon während ihrer Zeit als Journalistin, als sie mit eben diesen Problemen der Zensur konfrontiert wird. Ihre Reaktion besteht laut Gräbener in der Entscheidung, ein Buch zu schreiben, um die eigenen Defizite aufzuarbeiten[179]. „Nach eigener Intention sollte es ein Buch über die Emanzipation einer jungen Frau werden."[180]

Diese Emanzipation betraf zweierlei: Zum einen meint sie die Emanzipation von der älteren Generation, also die Erlangung von Mündigkeit. Hierzu zählt auch die Ausbildung der persönlichen Identität.

Außerdem wird hier die Emanzipation der Frau in einer patriarchalen Gesellschaft angesprochen. Mit dem „Generationswechsel" in der DDR-Literatur etablierte sich auch eine junge Autorinnengeneration[181], die solchen Vorgängerinnen wie Anna Seghers oder Christa Wolf nun Namen wie Katja Lange-Müller, Helga Königsdorf, Christa Müller oder Monika Maron entgegensetzen konnten[182]. Monika Maron betont die erzwungene Unselbständigkeit der Frauen in der DDR. Gräbener faßt zusammen:

---

[177] Lebensentwürfe, Zeitenbrüche, S.18.
[178] Pawels Briefe, S.131.
[179] vgl. Anm.175.
[180] Gräbener, S.5.
[181] vgl. Gräbener, S.8: „Der entscheidende Unterschied zwischen der neuen Literatur und der sonstigen DDR-Literatur aber ist die Autonomie, der Anspruch auf Selbstbestimmung."
[182] vgl. Gräbener, S.9.

Dem Druck der Regimekonformität können für Monika Maron nur die Frauen durch Flucht in die Ehe ausweichen. Heidi Arndt[183] heiratet, damit der Staat sie endlich in Ruhe läßt[184].
Maron äußert sich hierzu folgendermaßen:

> Gebrochener als die Frauenwelt, war die Welt der Männer. Die Frauen hatten immer noch ein privates Leben, während das männliche Leben sich mehr nach außen orientierte. Deshalb war ihr Leben komplett zerschlagen.[185]

Die Benachteiligung der Autorinnen in der DDR wird von Maron in *Die Überläuferin* satirisch überspitzt ins Bild gesetzt. Sie beschreibt den Besuch eines Abgesandten der „Assoziation dichtender Männer" bei Josefas Freundin Martha, der sie für ihre Schreibversuche zum Selbstmord bringen soll.

> Wir haben lange darüber beraten, sagt der Mann. Ursprünglich, Sie werden sich erinnern, haben wir den Damen nur ein Schreibverbot ausgesprochen, aber viele haben sich nicht daran gehalten.[186]

> Ihre Schreibversuche, ich bleibe höflich, gehören zu den schamlosesten und anmaßendsten Verletzungen, nicht nur gesicherter literarischer Werte, sondern des guten Geschmacks. In ihrem mageren Opus lassen sie keines von allen möglichen Vergehen aus. Wir haben Romantizismen, Lyrizismen, Pathos, Selbstmitleid, Infantilismus und modisches Feministengeplapper nachweisen können. Worte wie Hoffnung, Sehnsucht, Schmerz, Leid einschließlich der dazugehörigen Adjektive sind durchaus überrepräsentiert. Die Sprache ist

---

[183] Heidi Arndt ist eine fiktive Figur in *Flugasche*. Josefa erzählt: „Obwohl die Leute im Betrieb freundlich zu ihr waren, wollte Heidi an dem Tag kündigen, an dem ihre Arbeitsplatzbindung erloschen war. Sie wollte ein Jahr lang nicht arbeiten. ‚Jetzt darf ich das', sagte sie, ‚jetzt bin ich verheiratet.'"
[184] Gräbener, S.39.
[185] Gräbener, S.37.
[186] Die Überläuferin, S.156.

keine bunte Wiese, Madame, auf der man verliebt spazierengeht.[187]

Der Vermutung, das beschriebene Verhör gestaltete sich ähnlich wie Marons eigene Verhöre im Kulturministerium, entkräftete Monika Maron in einem Interview.[188] Dennoch, die (natürlich überspitzt formulierten) Vorwürfe und moralischen Wertvorstellungen, die dem Auftreten dieses Vertreters der „Assoziation dichtender Männer" zugrunde liegt, zeichnen ein deutliches Bild der Vorwürfe Marons gegen eine patriarchale Literaturszene. Unbeantwortet bleibt Marthas Frage:

> Ach bitte, sagt Martha zaghaft, es gibt doch auch Männer, die scheußliches Zeug schreiben, ohne daß sie sterben müssen.[189]

Die Lebensfeindlichkeit der DDR-Gesellschaft, wie sie Maron empfindet, prägt auch das kleinste Detail des Alltags. Hierzu gehört laut Maron eine ausgeprägte Kreativitäts-Feindlichkeit.

> Man hat in diesem Land nicht leben und einfach so tun können, als gäbe es diesen Alltag nicht. Der Alltag war polarisiert und bestimmend bis ins kleinste. Das Leben war einfach absurd.[190]

Überspitzte Vorwürfe in ihren Werken[191] skizzieren die realitätsferne Moral im Umgang mit der individuellen Kreativität:

> Die Anklage lautet: Unerlaubte Phantasie in Tateinheit mit Benutzung derselben im Wiederholungsfall.[192]

> Der Tatträumer von heute ist der Täter von morgen.[193]

---

[187] Die Überläuferin, S.156.
[188] vgl. Gräbener, Interview mit Maron, S.74.
[189] Die Überläuferin, S.158.
[190] Gräbener, Interview mit Maron, S.3.
[191] beide folgenden Beispiele sind den „Zwischenspielen", surrealistisch anmutenden Tagträumen, aus *Die Überläuferin* entnommen.
[192] Die Überläuferin, S.170.
[193] ebd., S.172.

Dieser lebensfeindlichen Einstellung kann man nicht viel entgegensetzen. Maron erklärt, Josefa „gewinnt die Einsicht, daß man manche Kämpfe nicht gewinnen kann."[194] Was bleibt, ist der Wunsch, aus dem Alltag auszubrechen. „Die Dinge zerschlagen und weiterleben, dachte ich, irgendwie, anders, auf eine Art, die sich finden würde."[195]

Monika Maron bietet aber auch gegenteilige Perspektiven an. *Herr Aurich* ist eine satirische Erzählung, in der der Protagonist, ein Funktionär der Gründergeneration, an seinen privaten Machträuschen und lebensfeindlichen Moralvorstellungen zugrunde geht. Am Ende der Geschichte wird Aurich in einem Café mit zwei Frauen konfrontiert, die Späße über ein an der Wand hängendes Bild Honeckers machen. Aurich gerät außer sich:

> Hören sie auf, schrie Aurich. Zitternd stand er neben den Frauen.[...] Sie lachen über den Allerhöchsten, schämen sie sich. [...] Wissen Sie, wer ich bin. Aurichs Stimme klang verzerrt. Ich habe die Verantwortung. Ich bin ein Oberer.
> Die Frauen lachten, das junge Paar lachte, alle lachten. [...] Aurich schrie: Feinde, Verräter, Umstürzler. Er ist ein Auserwählter [...] Dann fühlte Aurich den grausamen Schmerz in seiner Brust. Er griff sich ans Herz und starb.[196]

Wieder wird der Anspruch auf Meinungsführerschaft der Gründergeneration verdeutlicht. Allerdings scheitert Aurich mit seiner Einstellung unter dem Gelächter der weniger verbissenen jungen Generation. Am Ende stirbt Aurich am unversöhnlichen Widerstreit zwischen der Realität und seinen Werten. Auch Herbert Beerenbaum in *Stille Zeile Sechs* stirbt, allerdings an seinen schlechten Taten, die Rosalind ihm unbarmherzig vorwirft, bis er zusammenbricht.

---

[194] Gräbener, Interview mit Maron, S.75.
[195] Die Überläuferin, S.144.
[196] Herr Aurich, S.78f.

> Wenn jemand so schreckliche Dinge tut, daß er stirbt, weil man ihn danach fragt, ist er selbst schuld.[197]

Aus solchen sterbenden Tätern der Gründergeneration spricht wieder der Tod des eigenen Stiefvaters[198]. Maron verwendet dieses Motiv umso lieber, weil Karl Maron in ihrem Leben zugleich die Personifizierung der alten Generation ist. So stirbt in *Stille Zeile Sechs* mit Beerenbaum auch ihr eigener Stiefvater. „Ich verabschiedete Beerenbaum nicht einfach aus dem Leben, ich verabschiedete ihn aus meinem Leben."[199]

Dieser Generation, die die Machtteilhabe der Jüngeren verhinderte, indem sie sie in einem Stadium der Unmündigkeit hielt, wirft Maron vor:

> Diese Genossen „Wir". Gegen mein klägliches „Ich habe gesehen" stellen sie ihr unerschütterliches „Wir", und schon bin ich der Querulant, der Einzelgänger, der gegen den Strom schwimmt, unbelehrbar, arrogant, selbstherrlich. Sie verschanzen sich hinter ihrem „Wir", machen sich unsichtbar, unangreifbar.[200]

Kerstin Dietrich weist zurecht auf das Todesmotiv[201] in *Stille Zeile Sechs* hin. Insbesondere das Auftreten von Victor Sensmann, dessen Name schon manches ahnen lässt, deutet den nahen Tod Beerenbaums an. Rosalind hofft, mit Sensmann einen Verbündeten gegen Beerenbaum gefunden zu haben, aber sie irrt sich. Sensmann ergreift für Beerenbaum Partei. Auch hier ist die Botschaft satirisch überspitzt, vielleicht ist sie aber auch bitter ernst gemeint: Die alte Generation verbündet sich gar mit dem Tod für ihren Machterhalt.

---

[197] Stille Zeile Sechs, S.213.
[198] vgl. 3.1.1, S.59.
[199] Stille Zeile Sechs, S.57.
[200] Flugasche, S.33.
[201] vgl. Dietrich, S.254.

Auch der Versuch des Regimes, in treuer Gefolgschaft der Sowjetunion das eigene Volk in einem permanenten Zustand der Revolution zu halten, wird thematisiert. Maron bemängelt, erst erziehe man ihre Generation immerzu zur Revolution hin, dann aber gestehe man ihr keine eigenen Veränderungen zu.

> Das Schlimmste ist [...] sie haben uns so viel über Revolutionen erzählt, daß ein Leben ohne Revolution ganz sinnlos erscheint. Und dann tun sie so, als sei für uns keine übriggeblieben, als hätten alle Revolutionen der deutschen Geschichte bereits stattgefunden. Die letzte war ihre. Wir dürfen noch den Staub beiseite kehren, der dabei aufgewirbelt wurde. Eure Revolution ist die Verteidigung der Errungenschaften, sagen sie und machen uns zu Museumswächtern.[202]

Monika Maron kritisiert an der antifaschistischen Haltung der DDR vor allem die retrospektive Selbstdefinition anhand des historischen Hitler-Staates. Die Sowjetzone wurde von der beschriebenen Gründergeneration als Gegenkonzept zum eben besiegten Nazistaat entwickelt. Die DDR, die anfangs noch SBZ („Sowjetische Besatzungszone") genannt wurde, sollte ein antifaschistischer Staat werden, der sich mit seinen Werten als dem Faschismus genau gegensätzlich definierte. Diese ethische Selbstdefinition blieb jedoch starr und den gesellschaftlichen Veränderungen gegenüber unflexibel, weil sie sich nicht im Vergleich zu alternativen Systemen der Nachbarstaaten selbst hinterfragte und modernisierte, sondern eben an einem historischen System maß, dass sich ja nicht mehr veränderte.

Luise fasst als Teil der älteren Generation diese retrospektive Definition so zusammen:

> Ich habe den Faschismus erlebt. [...] Ihr könnt die Vorteile des Sozialismus nicht an der Vergangenheit messen, die habt

---

[202] Flugasche, S.101f.

ihr nicht erlebt. [...] für mich ist das, was wir hier haben, das Beste, was ich erlebt habe.[203]

Katharina Boll ordnet dieses Geschichtsverständnis in ihrem Buch *Erinnerung und Reflexion* folgendermaßen ein:

> „Die Geschichte endet nicht 1945" – damit greift Monika Maron ein in der DDR vorherrschendes Geschichtsverständnis an, welches für Herbert Beerenbaums Memoiren grundlegend ist: Der Akt der Verwandlung der SBZ in den ersten deutschen sozialistischen Arbeiter- und Bauernstaat kam einer Generalamnesie für alle im Dritten Reich begangenen Straftaten gleich. Die nun vorherrschende antifaschistische, kommunistisch-sozialistische Weltanschauung befreite von den Lasten der Vergangenheit.[204]

In *Stille Zeile Sechs* beschäftigt sich Rosalind mit einem Zitat Ernst Tollers[205]:

> Muß der Handelnde schuldig werden, immer und immer? Oder, wenn er nicht schuldig werden will, untergehen?[206]

Mit diesem Zitat leitet sie über zu einer Thematisierung der Schuld, wie sie sie bei Funktionären wie Beerenbaum zu erkennen glaubt. Beerenbaum rechtfertigt die Schrecken des Stalinismus mit dem Verweis dar-

---

[203] Flugasche, S.80.
[204] Boll, S.66.
[205] Der Sozialist Toller war expressionistischer Schriftsteller und Dramatiker in der Weimarer Republik. Seine gescheiterten Bemühungen um ein besseres Gesellschaftssystem (z.B. die Münchner Räterepublik) und seine ebenfalls gescheiterten Versuche der Unterstützung der Bevölkerung und der Franco-Gegner im Spanischen Bürgerkrieg hatten Teil an der dieser Frage nach der Schuld zugrunde liegenden Verzweiflung.
vgl. Anz, S.783: „Das Scheitern utopischer Entwürfe an der Wirklichkeit, [...] die tragischen Verstrickungen des politisch Handelnden in Schuld, die menschliche Unzulänglichkeit der Revolutionäre, [...] das sind charakteristische Motive in T.s Werk."
[206] Stille Zeile Sechs, S.41.

auf, dass seine Frau in ein Konzentrationslager gebracht wurde. „Und das liegt nicht in Sibirien, schrie er und verließ das Zimmer."²⁰⁷

> Sie haben immer recht, dachte ich, was ich auch sage, alles Unglück gehört schon ihnen, den glücklichen Besitzern von Biografien. Kaum mach ich das Maul auf, um meine einzuklagen, stoßen sie mir einen Brocken wie Ravensbrück oder Buchenwald zwischen die Zähne. [...] Ich schrieb: „Grete wurde im Herbst 39 verhaftet. Sie kam in das Konzentrationslager Ravensbrück. Sibirien liegt bei Ravensbrück."²⁰⁸

Kerstin Dietrich sieht in dieser Passage den zentralen Vorwurf der Schuld kulminiert:

> In dieser zentralen Passage ist die ganze Diskrepanz einer Generation überzeugter, engagierter und schuldiger Ideologen formuliert: Antifaschisten und Kommunisten. Der Streit um die historische Wahrheit ist bildlich dargestellt: Ravensbrück und Sibirien. Die Opfer in Ravensbrück, [sic!] sind zu Tätern geworden. Im Kampf gegen den Faschismus und im Kampf für den Kommunismus bedienten sie sich der gleichen Machtstrukturen wie die Faschisten. In den Straflagern Sibirien, [sic!] den Gulags, kam es unter Stalin zu vergleichbaren Greultaten [sic!] wie in Ravensbrück.²⁰⁹

Aus den Opfern des Naziregimes, so der Vorwurf, seien die Täter des nächsten Unrechts-Staates geworden. Oder, wie Maron von Beerenbaum schreibt: „Alles, nur nicht noch einmal Opfer sein."²¹⁰ Rosalind stellt sich der Frage Tollers auch selbst. Auch sie kann nicht tatenlos bleiben. Sie handelt, als sie Beerenbaum mit seinen Taten konfrontiert – und bringt ihn damit um. Dies geschieht, obwohl sie zu Beginn des Romans beschloss, tatenlos zu bleiben, und damit unschuldig.

---

207   Stille Zeile Sechs, S.141.
208   ebd., S.141f.
209   Dietrich, S.253.
210   Stille Zeile Sechs, S.210.

> Langsam, wie zufällig, ordnete sich ein Satz in meinem Kopf: Ich werde nicht mehr für Geld denken.[211]

Hierdurch macht Maron deutlich, dass man Schuld auch ungewollt auf sich laden, dass man von seiner Umgebung zum Handeln gezwungen werden kann. Ein Gegenkonzept verfolgt ihr Freund Bruno, der sich zwar nicht zum Nicht-Handeln entschlossen hat, aber seine Realität ausschließlich in der Kneipe erlebt, einer Art Gegenrealität, in der er vor den Repressalien des DDR-Regimes relativ sicher ist. Sein Handeln hat für die gemeinsame Realität keine Folgen. „Er läßt wiederum im vollen Bewußtsein darum, daß er in einer Diktatur lebt, sein Wissen in der Kneipe verpuffen."[212] Bruno führt den Begriff „Schande" in diese philosophische Betrachtung ein:

> Wir leben alle in einem Zustand der Schande.[213]

> Meine Schande ist, daß ich nichts tue, Rosa, das weißt du. Und deine Schande ist, daß du etwas tust, das weißt du doch auch.[214]

Ein letztes Beispiel für die Konzeptionen zur Wahrung der eigenen Unschuld ist das Verhalten Marthas.

> Martha dagegen zieht es vor, sich dem Realen zu entziehen, sie geht nicht arbeiten. Sie ist auf der Suche nach den Ge-

---

[211] Stille Zeile Sechs, S.24.
[212] Gräbener, S.31. In Marons Werk wird die Kneipe als eine Art „Gegenöffentlichkeit" zur Außenwelt konzipiert. Hier muss man nicht funktionieren, kein moralisches Verhalten zum gesellschaftlichen Wohl beisteuern, und akzeptiert sind hier die Menschen, die Rosalind als Menschen sympathisch sind, wie der Graf. Er ist in der Außenwelt zum Opfer des Regimes geworden. Mit dieser Form der Gegenöffentlichkeit deutet Maron wieder die schizophrene Aufspaltung des Alltagslebens zwischen den ideologisierten Räumen und dem Privaten an.
[213] Die Überläuferin, S.110.
[214] ebd., S.113.

heimnissen der Welt. Sie ist die Verkörperung der Anarchisten schlechthin.[215]

[...] du mußt deine nutzloseste Eigenschaft herausfinden. Denn schon ehe du geboren wurdest, hat man dich statistisch aufbereitet und deinen möglichen Nutzen errechnet [...] Aber in jedem Menschen gibt es etwas, das sie nicht brauchen können, das Besondere, das Unberechenbare, Seele, Poesie, Musik [...] Dieses scheinbar nutzloseste Stück von dir mußt du finden und bewahren, das ist der Anfang deiner Biographie.[216]

Martha vertritt die totale Verweigerung im Geiste, während Brunos Konzept das des Versteckens an einem bestimmten Ort ist. Rosalind schließlich versucht, Motorik und Denken zu entkoppeln, als sie zwar zusagt, Beerenbaums Memoiren niederzuschreiben, aber sich weigert, für Geld zu denken. Josefas Antwort auf Tollers Frage lautet:

Ja, der Handelnde muß schuldig werden, immer und immer, oder, wenn er nicht schuldig werden will, untergehn.[217]

Die Verweigerung der Mitarbeit kann nicht zum Erhalt der Unschuld führen. Auch die Kooperation mit dem Regime mehrt die Unzufriedenheit, denn „die Arbeit selbst ist der herrschenden Klasse, den Werktätigen, entfremdet."[218] Dies gilt sowohl für die körperliche Arbeit, als auch für die geistige. Über das Chemie-Kombinat Bitterfeld schreibt Maron: B. ist die „dreckigste europäische Stadt"[219], „jeder Säugling in B. zahlt seinen Tribut an unseren Wohlstand."[220]

Ich laufe schneller [...] weg von dem Gestank, dem Dreck, weg von den gebeugten Menschen in den Aschekammern [...]

---

[215] Gräbener, S.21.
[216] Die Überläuferin, S.50f.
[217] Stille Zeile Sechs, S.212.
[218] Gräbener, S.39.
[219] Flugasche, S.32.
[220] ebd., S.34.

> Vor zwanzig Jahren heizte ein Heizer zwei Öfen, jetzt heizt er vier, und die meisten Heizer sind inzwischen Frauen.[221]

Auch die geistige Arbeit wird als qualvoll beschrieben. Rosalind beschließt, ihre Beine nicht mehr zu gebrauchen, um nicht mehr zur Arbeit in Barabas' Forschungsstätte[222] erscheinen zu müssen.

Aus dieser kritischen Darstellung der Arbeitsbedingungen in der DDR erklärt sich der Beschluss der Zensurbehörde, *Flugasche* (ebenso wie ihre folgenden Romane) nicht zu verlegen:

> Der stellvertretende Kultusminister der DDR, Klaus Höpke, erklärte auf der Leipziger Buchmesse, daß der Roman Flugasche in der DDR hätte erscheinen dürfen, wenn Monika Maron bereit gewesen wäre, nicht nur die zerstörerischen, sondern auch die positiven Folgen der Arbeit für den Menschen zu schildern [...]. Sie mache den Begriff der Arbeit verächtlich, und das werde in der DDR nicht geduldet[223].

Maron beschreibt den allgemeinen Zustand der Hoffnungslosigkeit im Verhalten ihrer Protagonistin Rosalind. Diese will ihre Perspektivlosigkeit

> mit zahlreichen Plänen füllen, von denen sie bisher noch keinen erfüllt hat, sondern sie als Hoffnung „aufspart". So lernt sie nicht Klavier spielen, übersetzt auch nicht die „Don Giovanni"- Rezitative.[224]

Die Angriffspunkte auf die Gesellschaftsordnung der DDR waren vielschichtig. Vielen ihrer Landsleute sprach Maron aus dem Herzen, sie hatten ihre Romane in Form von Autorenexemplaren zu lesen bekom-

---

[221] ebd., S.20.
[222] vgl. Die Überläuferin, S.10.
[223] Wegner, S.142.
[224] Gräbener, S.23.

men und die Westbücher dann an andere weitergereicht[225]. So waren die Bücher Marons auch innerhalb der DDR einer kleinen Gruppe bekannt. Im Folgenden soll die Beurteilung der Kritik in Marons Büchern seitens der Stasi dargestellt werden.

### 3.1.3 Das Urteil der Stasi

Im Zuge der Beurteilung der Romane Monika Marons fertigte das Ministerium für Staatssicherheit mehrere Gutachten an. Teilweise bekam die Stasi Marons Schriften von der Autorin selbst zur Begutachtung (wie dies mit Teilen von *Flugasche* geschah[226]), manches schickte Maron auch direkt zum Ministerium für Kultur (Maron nennt den Roman *Die Überläuferin*[227]), dem die *HV Verlage und Buchhandel* unterstand, die auch für die direkte Zensur zuständig war.

Hätte das Kulturministerium Akten über die Beurteilung etwa von *Die Überläuferin* angefertigt, lägen diese heute im Bundesarchiv. York Gothart Mix, der selbst ausführliche Aktenstudien im Bundesarchiv durchgeführt hat, hält dies für unwahrscheinlich, ebenso fiel die Auskunft des Bundesarchivs aus. Die großenteils noch nicht durchgearbeiteten Aktenhinterlassenschaften der DDR beinhalteten nur von solchen Büchern Zensurakten, deren Veröffentlichung zumindest erwogen wurde.

Folglich ist zu vermuten, dass die Leseprobe, die Maron damals an das Ministerium für Kultur geschickt hat, direkt an die zuständige Abteilung der Staatssicherheit weitergeleitet wurde, die Maron zu dieser Zeit im *OV Wildsau* bearbeitete.

Die Akten des *OV Wildsau* sind, soweit sie nicht die Stasimitarbeit Marons betreffen, für diese Arbeit leider nicht zugänglich, weshalb auch keine Belege aus Originalquellen zitiert werden können. Eine kurze Darstellung der Bewertungen der Staatssicherheit muss also aus

---

[225] vgl. Gräbener, S.1. Vgl. auch Boll, S.19: „Maron erhielt vom Fischer-Verlag 100 Freiexemplare, die sie an Leser in der DDR verteilte, welche nach der Lektüre die Bücher wiederum an andere weiterreichten. Auf diese Weise erzielte ‚Flugasche' eine geschätzte ‚Auflage' von 10 000 Büchern."

[226] vgl. 2.4.

[227] vgl. Gräbener, Interview mit Monika Maron am 22.09.1993, S.73.

Drittquellen erfolgen, die sich wiederum auf die Dokumente in den Akten stützen.

Zuständig für die Gutachten zu Monika Marons Schriften war die Abteilung HA IX/2 des MfS. Der erste vorliegende Beleg beinhaltet einen Ausschnitt aus der Bewertung von *Die Überläuferin*:

> Hauptmann Karlstedt von der HA IX/2 schrieb am 4. Juli 1986 die „Rechtliche Stellungnahme zum Manuskript ‚die Überläuferin' von Tappe-Maron, Monika" und kam nach der Inhaltsangabe zu folgendem Fazit:
>
> „Insgesamt vermittelt die Grundaussage des vorliegenden Manuskripts sowohl in der verbalen Ausgestaltung als auch in der Tendenz ein pessimistisches, von geistiger und emotionaler Armut, Angst und Perspektivlosigkeit gekennzeichnetes und seinem Wesen nach zutiefst sozialismusfremdes Gesellschaftsbild. Aus strafrechtlicher Sicht ist daher einzuschätzen, daß der Inhalt der vorliegenden Schrift aufgrund der vorgenannten Orts- und Zeitbezogenheit auf die DDR sowie der tendenziösen Vermittlung eines negativen, wirklichkeitsfremden Sozialismusbildes objektiv geeignet ist, im Falle seiner Veröffentlichung im Ausland den Interessen der DDR zu schaden. Eine Übergabe des Manuskriptes ins Ausland zum Zwecke der Veröffentlichung stellt somit eine ungesetzliche Verbindungsaufnahme gemäß § 219 Absatz 2 Ziffer 2 StGB dar. [...] Für die Erfüllung des Tatbestandes des § 219 (2) StGB durch die Tappe-Maron ist der zweifelsfreie Nachweis erforderlich, daß die Genannte das Manuskript zum Zwecke der Veröffentlichung und unter Umgehung von Rechtsvorschriften der DDR ins Ausland übergab bzw. übergeben ließ. Wie dazu aus einer Information der Hauptabteilung II/6 vom 9.6.1986 hervorgeht, liegen gegenwärtig keine Erkenntnisse darüber vor, auf welche Art und Weise das Manuskript in die BRD gelangte, wo es inoffiziellen Feststellungen zufolge im S. Fischer Verlag

Frankfurt am Main veröffentlicht werden soll. [...] Unabhängig davon besteht die Möglichkeit zu prüfen, inwieweit die Tappe-Maron im Rahmen der Übergabe urheberrechtlicher Nutzungsbefugnisse an den genannten BRD-Verlag devisenrechtliche Forderungen gemäß § 11 Absatz 2 Devisengesetz genehmigungspflichtig sind. Bei Vorliegen offiziell verwendbarer Beweise für derartige Handlungen wären die straf- bzw. ordnungsrechtlichen Voraussetzungen gegeben, die Tappe-Maron auf der Grundlage des § 17 bzw. § 18 Devisengesetz zur Verantwortung zu ziehen."[228]

Hauptmann Karlstedt erkennt in Marons Buch also ein Potenzial, „im Ausland den Interessen der DDR zu schaden". Vermutlich hält er das Werk für rufschädigend. Das Buch widerspricht zudem der sozialistischen Norm. Es zeige ein „zutiefst sozialismusfremdes Weltbild" und ein wirklichkeitsfremdes Sozialismusbild.

Außerdem wird das eng mit anderen Stellen verschränkte Vorgehen des Gutachters deutlich, als von fehlenden nachrichtendienstlichen Erkenntnissen die Rede ist, „auf welche Art und Weise das Manuskript in die BRD gelangte". Hauptmann Karlstedt schlägt vor, Maron nach dem Devisengesetz zu belangen, welches bevorzugt bei Veröffentlichungen im Ausland eingesetzt wurde, die nicht durch das *Büro für Urheberrecht* genehmigt waren.

Hauptmann Knut Anding von der gleichen Abteilung hatte bereits 1980 das Manuskript „Flugasche" beurteilt:

„Zusammenfassend kann eingeschätzt werden, daß durch die angeführten im Manuskript enthaltenen Darstellungen die staatliche Ordnung der DDR sowie die Tätigkeit staatlicher Einrichtungen und gesellschaftlicher Organisationen sowie deren Maßnahmen herabgewürdigt werden. Somit stellt dieses Manuskript im Falle seiner öffentlichen Zugängigmachung ei-

---

[228] BStU, ZA, AOP 7684/89, Bd.6, Bl.4-6. Zitiert nach: Walther, S.307f.

ne Schrift im Sinne des § 220 Abs. 2 StGB dar. Es entspricht auch den Tatbestandesanforderungen eines Manuskriptes im Sinne des § 219 Abs. 2 StGB, da es im Falle seiner widerrechtlichen Weitergabe ins Ausland geeignet ist, den Interessen der DDR zu schaden."[229]

Zu einer differenzierten Wertung kam er 1981 bei anderen Texten der Maron:

„Zusammenfassend kann eingeschätzt werden, daß durch die in dem Text ‚Wer fürchtet sich vorm schwarzen Mann' enthaltenen Darstellungen die staatliche Ordnung der DDR sowie die Tätigkeit staatlicher Einrichtungen und gesellschaftlicher Organisationen herabgewürdigt werden. Somit stellt dieser Text im Falle seiner Verbreitung eine Schrift im Sinne des § 220 Absatz 2 StGB dar. Gleichzeitig erfüllt dieser Text auch die Tatbestandsanforderungen eines Manuskriptes im Sinne des § 219 Absatz 2 Ziffer 2 StGB, da er im Falle einer ungesetzlichen Übermittlung ins Ausland geeignet ist, den Interessen der DDR zu schaden. Der Inhalt der Texte ‚Die Audienz', ‚Ada und Evald', ‚Das Mißverständnis' und ‚Annaeva' ist strafrechtlich nicht relevant."[230]

*Flugasche* wird also durchaus bescheinigt, „die staatliche Ordnung der DDR sowie die Tätigkeit staatlicher Einrichtungen und gesellschaftlicher Organisationen sowie deren Maßnahmen herabgewürdigt" zu haben. Hieraus ergibt sich laut Hauptmann Anding eine rechtliche Handhabe auf Grundlage des Strafgesetzbuches. Auch ihren Text *Wer fürchtet sich vorm schwarzen Mann* stuft er als strafrechtlich relevant ein.

Diese Gutachten dienten nicht vorrangig dazu, einzuschätzen, ob ein Text veröffentlicht werden kann oder nicht, sondern sie wurden in Auftrag gegeben, längst nachdem die Absicht, den Autor zu belangen,

---

[229] BStU, ZA, AOP 7684/89, Bd.3, Bl.29. Zitiert nach Walther, S.308.
[230] ebd., Bl.46f., Zitiert nach Walter, S.308.

beschlossen war. Folglich dienten die Bewertungen nur dazu, die Werke so aufzubereiten, dass man problemlos die Verstöße mit Seitenzahlen und Art des Deliktes belegen konnte. Dies wird auch am letzten zur Verfügung stehenden Gutachten deutlich, das sich mehr wie ein Nachschlagewerk liest als wie eine Rezension.

> Der Lyriker Uwe Berger alias IMV/IME „Uwe" schrieb eine Vielzahl solcher Gutachten [...] Weitere Gutachten verfaßte er zu [...] Monika Marons „Josepha" [...] Auszug: „Besondere Angriffe gegen die Partei finden sich auf den Seiten 6, 28/29, 42/43, 60, 98/99, 100/101, 116-119, 130, 180, 219, 233. [...] Führende Genossen werden ausdrücklich verächtlich, lächerlich gemacht oder verleumdet auf den Seiten 115, 159, 160, 164, 167, 171-173, 177, 192/193. [...] Der Alltag in der DDR wird miesgemacht zum Beispiel auf den Seiten 25, 34, 54, 66, 68/69, 118. Besonders die Arbeiter sollen aufgehetzt werden, so auf den Seiten 48, 49, 131, 137, 140 gegen das MfS, 179. Die konterrevolutionären Absichten sind erkennbar auf den Seiten 57, 69/70, 72, 111, 127, 154, 173, 194, 202/203, 209."[231]

Vermutlich gibt es noch mehr solcher Gutachten zu Monika Marons Texten. Was aus den zitierten deutlich wird, ist, dass es keine Veröffentlichung dieser Romane, Erzählungen und Theaterstücke in der DDR geben konnte. Allerdings liegen auch keine Informationen vor, dass Monika Maron in der DDR jemals wegen ihrer Bücher verurteilt worden wäre. Dies macht auch deutlich, dass die Gutachten zunächst für die Akten bestimmt waren und zu passender Zeit gegen die Schriftsteller verwendet werden konnten.

### 3.2 Der Kampf um die Publikation von *Flugasche*

Der Weg Monika Marons von der standesgemäß erzogenen und politisch geschulten Stieftochter des hohen Parteifunktionärs Karl Maron zur Dissidentin, die vom MfS verfolgt und überwacht wurde, erklärt

---

[231] BStU, ZA, AIM 8382/91 und Teilablage A-131/76, Bd.II/5, Bl.190f. Zitiert nach Walther, S.312f.

sich aus der zentralen Rolle des Stiefvaters in ihrem Leben. Karl Maron stand für vieles dessen, was Monika am sozialistischen System der DDR hassen lernte. Das Aufbegehren gegen das System war zugleich ein Aufbegehren gegen den Vater, die Autorität des einen spiegelte sich für Maron in der des anderen wider.

Der Tod ihres Vaters 1975 brachte den Wendepunkt im Leben der Maron. Auf der Suche nach ihrer Rolle im sozialistischen Alltag probierte sie verschiedene Berufsfelder, von der Fräserin und der Mitarbeiterin im Theater zur Journalistin, aus. „Monika Maron machte keinen Hehl daraus, daß ihr der Tod des Stiefvaters und Widersachers im Jahr 1975 den Mut gab, ihr Leben neu zu organisieren."[232]

Einen anfänglichen Freiraum gewährte ihr die (wenn auch kleine) Erbschaft, die ihr Stiefvater hinterließ[233]. Obschon alleinerziehende Mutter eines Sechsjährigen, gab Monika Maron ihre feste Anstellung als Journalistin auf und beschloss, sich als Schriftstellerin zu versuchen. Der mit dem Tod Karl Marons beendete Lebensabschnitt Monikas, der ihr reichlich Gelegenheit zur kritischen Reflexion des DDR-Alltags geboten hatte, gab nun den Anstoß, ihre Kritik zu Papier zu bringen. Ziel war aber zugleich die psychische Verarbeitung des Niedergeschriebenen.

> Schreiben ist immer die Antwort auf Defizitäres, ein Ausgleich. Viele haben geglaubt, daß es mir schlecht ging, als ich Flugasche schrieb. Mir ging es so gut wie nie. Ich hatte ein Jahr Zeit, in Ruhe zu schreiben. Ich hatte das Stipendium, das für eine alleinstehende Mutter nicht gerade sehr viel war, aber außerdem hatte ich auch eine kleine Erbschaft gemacht. Ich wohnte wunderbar und war finanziell gesehen frei.[234]

Monika Maron kündigte ihre Arbeitsstelle zum 1. 10.1976 und wollte sich nun für zwei Jahre ihrem Buch widmen[235]. Allerdings sollten dies die vielleicht turbulentesten zwei Jahre ihres Lebens werden:

---

[232] Wiedemann, S.22.
[233] vgl. Pawels Briefe, S.193.
[234] vgl. Gräbener, Interview mit Monika Maron, S.73.
[235] vgl. BStU, ZA, AOP 6784/89, Bd.1, Bl.273.

Zum 1.10.1976 kündigte Maron ihre Anstellung. Vermutlich arbeitete sie zu diesem Zeitpunkt schon an Flugasche[236]. Aber nur fünf Tage, nachdem sie begonnen hatte, sich ganz ihrem Buch zu widmen, nahm der Staatssicherheitsdienst Kontakt zu ihr auf[237]. Der Kontakt zum MfS sollte sich bis zum letzten Treffen am 9.5.1978 über beinahe die gesamte Zeit, die Maron für ihr Buch eingeplant hatte, andauern. Genau einen Monat nach der Kontaktaufnahme des MfS wurde Biermann ausgebürgert, ein Schock für Maron[238], die in der Folgezeit ihren Widerspruch gegen diese politische Entscheidung gegenüber ihrem Stasi-Führungsoffizier wiederholt artikulierte.

> Die Ausbürgerung hat uns die letzte Hoffnung genomen, [...] daß dieses System reformierbar wäre. *Flugasche* [Hv. Im Original] habe ich während der Ausbürgerung geschrieben.[239]

Maron geriet aber nicht nur in eine persönliche Glaubenskrise und definierte in der Folgezeit ihre Einstellung zur politischen Führung der DDR neu, auch ihr Familienleben offenbarte seine tiefen Risse. Trotz allen Widerstands gegen ihren Stiefvater und die überzeugte Unterstützung seiner Ansichten durch die Mutter, herrschte bislang Burgfrieden im Hause Maron. Die Partei-Entscheidung zu Biermann aber, die Hella Maron befürwortete, sorgte für eine ernste Krise in der Familie und spaltete die Tochter vollends ab. Monika Maron erinnert sich an diese Situation folgendermaßen:

> Als im November 1976 Wolf Biermann ausgewiesen wurde, saßen Hella und ihre Freunde unten in Hellas Wohnung und erregten sich über Biermanns unverschämtes Kölner Konzert, während meine Freunde und ich oben saßen, schockiert, er-

---

[236] Die Vermutung liegt nahe, da sich die Ausbürgerung Biermanns am 16.11.1976 nach etwa der ersten Hälfte auf den Inhalt des Buches niederschlägt. Wenn Maron erst am 1.10. mit dem Schreiben von Flugasche begonnen hätte, hätte sie diese erste Hälfte des Buches in nur anderthalb Monaten geschrieben. Dies scheint unwahrscheinlich.
[237] Dies geschah am 6.10.1976, vgl. BStU, ZA, AOP 6784/89, Bd.1, Bl.254.
[238] vgl. Boll, S.23.
[239] Dietrich, Interview mit Monika Maron, S.293.

> bittert und ratlos. Jonas [Monikas Sohn; C.R.] rannte von oben nach unten und von unten nach oben, trug die Argumente rauf und runter, weil er glaubte, wir müssten nur wissen, warum wir was denken, um uns wieder zu versöhnen.[240]

Wolfgang Emmerich beschreibt in seinem Buch *Kleine Literaturgeschichte der DDR*: „Daß sie das Buch in „reformerischem" Geist begonnen und erst nach der Biermann-Ausbürgerung kompromisslos zu Ende geführt habe".[241]

Maron selbst erinnert sich an diesen Bruch in *Flugasche*:

> Das Buch [gemeint ist „Flugasche"; K.B.] könnte ich gar nicht mehr schreiben. Es hatte im ersten Teil durchaus einen reformerischen Ansatz. Der Bruch im Buch, als ein formaler durchaus zu bemerken, ging auf die Ausweisung Biermanns zurück. In dieser Zeit habe ich es geschrieben. Ich dachte, so naiv und blöd kann die Heldin nicht bleiben, wie sie zur Mitte des Buches gediehen ist.[242]

Mit ihrem Entschluss, ein kritisches Buch zu schreiben, entfernte sie sich nicht nur weiter von ihrer Mutter und riskierte Ärger mit dem MfS, sie setzte sich auch dem Spott ihrer Schriftsteller-Kollegen aus:

> Für die akkreditierten unter ihren Schriftstellerkollegen stand sie unter dem Doppel-Stigma, einerseits privilegierte Bonzentochter, andererseits zu weit gegangen zu sein.[243]

Der Wandel ihrer politischen Einstellung und Werte wurde weitgehend unterschätzt.

> Die Konsequenz zeigte sich in dem Veröffentlichungsverbot ihres Debütromans *Flugasche* [Hv. im Original] (1981). Zu

---

[240] Pawels Briefe, S.201f.
[241] Emmerich, S.315.
[242] aus: „Literatur, das nicht gelebte Leben". In: Süddeutsche Zeitung, 6.3.1987. Zitiert nach: Boll, S.31.
[243] Wiedemann, S.23.

deutlich waren die gesellschaftskritischen Züge, zu unverschlüsselt ein Stück DDR-Alltag dargestellt.[244]

Ein mutiger Verlagsleiter sagte ja dazu, Kulturminister Klaus Höpcke nein.[245]

1978 schloss Maron einen Vertrag mit dem *Greifenverlag Rudolstadt*, der *Flugasche* veröffentlichen sollte. In letztem Moment wurde die Veröffentlichung von Klaus Höpcke verhindert.[246] „Seiner Meinung nach machte das Buch den Begriff der Arbeit verächtlich."[247]
Maron erinnert sich:

> Ich weiß nicht, ob außer mir und dem Verlagsleiter Hubert Sauer, [...] überhaupt jemand glaubte, das Buch würde in der DDR erscheinen dürfen, ich jedenfalls glaubte es[248].

> Zwei Jahre habe ich mit dem Ministerium über die Änderungen verhandelt. Mal hieß es „Ja", dann wieder „Nein" und wieder „Ja" – ein ewiges hin und her [sic!]. Da wusste ich, daß mit der Veröffentlichung im Osten alles gelaufen war. Schließlich hat das Ministerium Flugasche abgelehnt.[249]

---

[244] Dietrich, S.37.
[245] Wiedemann, S.22.
[246] vgl. Boll, S.19. vgl. auch: Dietrich, S.37: „wurde dem Greifenverlag in Rudolstadt seitens des Kulturministeriums bzw. seitens des stellvertretenden Kulturministers Klaus Höpke [sic] keine Druckgenehmigung erteilt."
[247] ebd. Ausführlicher wird Höpckes Begründung geschildert bei Wegner, S.142: „Der stellvertretende Kultusminister der DDR, Klaus Höpke, erklärte auf der Leipziger Buchmesse, daß der Roman *Flugasche* in der DDR hätte erscheinen dürfen, wenn Monika Maron bereit gewesen wäre, nicht nur die zerstörerischen, sondern auch die positiven Folgen der Arbeit für den Menschen zu schildern [...]. Sie mache den Begriff der Arbeit verächtlich, und das werde in der DDR nicht geduldet."
[248] Pawels Briefe, S.194.
[249] Gräbener, Interview mit Monika Maron, S.73.

Mit dieser Ablehnung machte der Staat zum ersten Mal deutlich, dass Monika Maron nicht mehr in seiner Gunst stand. Im selben Jahr trat Maron aus der SED aus. Auch ihre Stasi-Mitarbeit endete 1978, woraufhin der *OV Wildsau* gegen sie eröffnet wurde.

Die Fronten waren also geklärt. Monika Maron durfte nicht veröffentlichen. Auch das Versprechen, dass sie in ihrer eigenen Erinnerung Mutter Hella gegeben hatte, das Buch nicht in den Westen zu geben[250], brach sie schließlich und veröffentlichte *Flugasche* 1981 im *S. Fischer Verlag* in Frankfurt am Main.

> Als ich 1978 mein erstes Buch veröffentlichen wollte, hatte ich keinen Verlag, den ich „unser" hätte nennen können, und ich war froh, daß sich bei Hellas Klassenfeind „ein kapitalistisch regierter" fand, der mich verlegen wollte.[251]

> Ich schrieb, ich trat aus der SED aus, und veröffentlichte mein erstes Buch, nachdem man es in der DDR nicht drucken wollte, entgegen allen früheren Beteuerungen doch im Westen.[252]

Hiermit war Monika Maron vermutlich beim *Büro für Urheberrechte* auffällig geworden, denn die unautorisierte Veröffentlichung im Ausland (zumal in der BRD) stellte einen Straftatbestand gemäß dem Devisenrecht dar.

In der BRD fand Marons Buch reißenden Absatz, durch ihr Erstlingswerk wurde sie über die Feuilletons hinaus bekannt[253]. Kurze Zeit später, berichtet Maron in *Pawels Briefe*, sah sie die Vorstellung ihres Buches im *ARD Kulturmagazin*.

> Ich verstand, daß erst jetzt, mit dieser Sendung, in der ich nicht auftrat und die ich nicht verantwortete, der Bruch voll-

---

[250] vgl. Pawels Briefe, S.194f.
[251] Pawels Briefe, S.163.
[252] ebd., S.195.
[253] vgl. Wegner, S. 142.

zogen war. Was ich nicht ausgesprochen hatte, war nun ausgesprochen worden. [...] Nach der Sendung meldete ich mich nicht mehr bei Hella, und Hella meldete sich nicht mehr bei mir.[254]

Monika und Hella Maron sprachen ein Jahr lang nicht mehr mit einander. Was an der ARD-Sendung selbst aber Monika Maron am meisten störte, war, dass man sie wieder als das sah, was sie am wenigsten sein wollte: die Stieftochter Karl Marons.[255]

In der Folge veröffentlichte sie auch ihre beiden nächsten Bücher beim *S. Fischer Verlag*, es waren *Das Mißverständnis* (1982) und *Die Überläuferin* (1986).

Die Überläuferin habe ich dann direkt an das Kulturministerium geschickt, damit die mich nicht mehr so lange hinhalten konnten. Ich habe ihnen drei Monate Zeit gelassen, sich zu entscheiden. Das ist eigentlich die übliche Frist.[256]

Wenige Jahre später wurde ihr eine Möglichkeit in Aussicht gestellt, *Flugasche* doch noch in der DDR veröffentlichen zu dürfen. Aber auch diese Hoffnung erwies sich als Trugschluss. Nach dieser definitiven Absage entschloss sich Maron schließlich, auszuwandern.

Obwohl ihre ersten drei Bücher nur in der Bundesrepublik erscheinen konnten, blieb die Autorin in der DDR. Auch als ihr 1986 mehrfach Reisen in westliche Länder verboten wurden, blieb die kritische Sozialistin ihrem Herkunftsland treu. Erst als man ihr 1987/88, als ihr Briefwechsel mit Joseph von Westphalen im Zeitmagazin erschien, in dem sie sich unter anderem kritisch zum staatlichen Vorgehen nach der Liebknecht-Luxemburg-Demonstration vom 12.01.1988 in Ost-Berlin äußerte, die Zusage strich, ihren Erstlingsroman doch

---

[254] Pawels Briefe, S.202.
[255] vgl. ebd.
[256] Gräbener, Interview mit Monika Maron am 22.09.1993, S.73.

> noch in der DDR zu veröffentlichen, entschloß sich Monika
> Maron zum Wechsel in das andere gesellschaftliche System.²⁵⁷

Mit dieser Entscheidung Marons schien die Kulturpolitik des MfS den Kampf mit der Dissidentin gewonnen zu haben. Doch nur ein Jahr später sollte das Regime gestürzt werden.

### 3.3 Die Bekämpfung des Literatursystems und ihre Bedeutung für die Textproduktion

> Auch am siebenten Tag ruhte der GOtt des Sozialismus nicht, sondern erschuf die Kulturpolitik. Er erschuf ein Kulturministerium, die Kulturhäuser, Verlage, Verbände, die Zirkel schreibender Arbeiter und drei Literaturzeitschriften. Und GOtt sah alles an, was er gemacht hatte, und siehe, es war sehr gut. Doch dann kam ein achter Tag, ein neunter, ein zehnter...²⁵⁸

In den folgenden Tagen wurde die fertige Schöpfung nicht mehr verändert, obwohl sich die Rahmenbedingungen der Gesellschaft ständig veränderten. So kam es schließlich, dass Staat und Bürger sich auseinander entwickelten und die DDR auf Fragen und Forderungen der Menschen keine Antwort mehr hatte.

Für einen kritischen Schriftsteller war das Leben in der DDR nicht leicht. Der Staat hatte eine Vielzahl von Methoden entwickelt, mit denen er kritische Schriften „verhindern" konnte und gleichzeitig ihren Autoren das Leben schwer machte.

Das Literatursystem, das oft mit dem ‚Willen des Staates' gleichgesetzt werden konnte, übte erheblichen Druck auf kritische Schriftsteller aus und zwang polarisierend zur Entscheidung: Entweder man ließ das kritische Schreiben sein, oder man stellte sich gegen den Staat. Wie grundlegend die Entscheidung, sich gegen das gesamte Literatursystem,

---

[257] Dietrich, S.49.
[258] Kolbe/Trolle/Wagner, S.7.

faktisch gegen die gesamte Literaturlandschaft der DDR zu stellen, sich auf Leben und Werk der Autoren ausgewirkt hat, kann nur vermutet werden. Die Schriftsteller stellten sich gegen den literarischen Kosmos, der die Lebensgrundlage und die Daseinsberechtigung der Autoren definierte. Ohne die Printmedien-Industrie schreiben zu wollen hieß, nicht gedruckt, ohne Verlage nicht verkauft, ohne Literaturkritiker und Bibliothekare nicht gelesen zu werden.

Ohne Bücher zu verkaufen, verdiente man kein Geld und entzog sich somit selbst die Lebensgrundlage. Ohne das Akkreditiv des Schriftstellerverbandes oder der Verlage, welches man als kritischer Schriftsteller oft nicht bekam, war der Berufsstand nicht gesichert. Das heißt, man galt als nicht berufstätig und gab dem Staat somit die Mittel in die Hand, eine andere Berufswahl zu erzwingen.

In der Praxis fand sich für die findigen Kritiker oft ein Ausweg aus diesem Dilemma. So auch für Monika Maron.

Auch die Frage der Definition des eigenen Widerstands beschäftigt Maron, und sie versucht sich in verschiedenen Formen der Opposition,[259] bevor sie entscheidet, dem Staat derart provokant die Stirn zu bieten, wie sie das in ihren Romanen schließlich tut.

Die Paradoxie, sich im Kampf gegen die gesamte Branche wiederzufinden, die doch zum Schriftstellern heutzutage unumgänglich ist, bringt jeden Autor in Schwierigkeiten, denen er nur mit extremen Maßnahmen begegnen kann, wie etwa der Ausreise. In der Praxis fanden sich jedoch selbst hier noch andere Möglichkeiten des ‚literarischen Überlebens'.

Monika Maron resümiert anlässlich eines Vortrags in Japan:

> Es gehört zum Wesen einer Diktatur, daß sie die öffentliche Diskussion über sich selbst nicht zuläßt. Sie unterdrückt den

---

[259] Leider gehört auch dieser wichtige Aspekt des Widerstands Marons zur ‚terra incognita' der Forschungsliteratur.

Verständigungs- und Selbstverständigungsprozeß einer Gesellschaft nicht nur; sie stellt ihn unter Strafe.[260]

Maron spricht aus eigener, leidvoller Erfahrung. Die SED-Diktatur, die sich gern die Diktatur des Proletariats nannte, nutzte zur Unterdrückung dieser Öffentlichkeit vor allem das Mittel der Zensur[261].

Hiermit konnte sie über mehrere Ebenen Einfluss auf die Textproduktion nehmen. Besonders bedeutsam war die sogenannte „informelle Zensur"[262].

Auch die „Vorzensur" der Verlage verfehlte selten ihre Wirkung. Sie bestand im Einwirken des Verlags auf den Autor. Die Verlage wollten ebenfalls nicht mit einer Buchproduktion an der Zensur scheitern, deshalb zensierten sie ihre Autoren meist freiwillig. Hierbei ging man mit dem Schriftsteller die kritischen Passagen des Werks noch einmal durch und empfahl ihm, sie abzuändern. Andernfalls könne das Werk nicht veröffentlicht werden.

Weit heimtückischer war die „Selbstzensur". Sie geschah bereits im Kopf des Autors, der bereits vorsorglich manches nicht schrieb, weil er fürchtete, damit in die Mühlen der Zensur zu geraten.

> Ein Autor, der sich dieser Problematik nicht bewußt sei und sich nicht Selbst zum „Kontrolleur" mache, werde bald „nachgeben, ausweichen" und „anfangen zu *wischen*" [Hv. im Original].[263]

Das Problem, wie man einen kritischen Text an der Zensur vorbeischleusen konnte, beschrieben Joachim Walther und Joachim Seyppel im *Ausstellungsbuch. Zensur in der DDR*.[264] Walther zeigte in seinem Beitrag *Jacken, die ich in den Text gehängt hatte*, wie er den Zensor austrickste, indem er in seinen Roman Köder einbaute.

---

[260] Quer über die Gleise, S.45.
[261] vgl. 2.2.
[262] ebd.
[263] Mix, Literatur für Leser, S.194. Mix bezieht sich hier auf Christa Wolf. Vgl. Wolf, S.790.
[264] Wichner/Wiesner: S.25ff.

> Das Schöne daran war, daß er sich alle Jacken anzog, die ich in den Text gehängt hatte, und siehe da: sie paßten hervorragend, wie auf den Leib geschneidert.[265]

Joachim Seyppel ging ähnlich vor. Seinen Köder nannte er den *Porzellanhund*:

> Der Porzellanhund war so beschaffen, daß man eine Sache derart in der Darstellung übertrieb, daß sie beim Zensor keine Chance hatte. Aber um diese Sache ging es einem gar nicht. Die Sache, um die es einem ging, war anderswo dargestellt, doch nicht derart übertrieben.[266]

Aber die Übertreibung verteidigte man unnachgiebig gegenüber dem Zensor.

> am Ende einigten sich die beiden Seiten, daß diese maßlos übertriebene Darstellung gestrichen werden würde – und sonst nichts! Der eingebaute „Porzellanhund" war zerschmissen worden, dazu war er ja auch da, und die Stelle, um die es einem eigentlich ging, war gerettet.[267]

In der Praxis finden sich also immer wieder Wege, der Zensur zumindest teilweise ein Schnippchen zu schlagen. Auch wenn dies nicht gelingt, resümiert Monika Maron rückblickend, ist die Niederlage gegen die Zensur auch ein Prestigegewinn:

> Selbst wer der Zensur anheim fiel, wußte sich im anderen Deutschland umso aufmerksamer gelesen und auch im eigenen Land genossen als die verbotene Frucht.[268]

---

[265] Wichner/Wiesner ebd., S.25f.
[266] ebd., S.26f.
[267] ebd.
[268] Das neue Elend der Intellektuellen, S.85.

Für die kritischen Autoren bestand die Schwierigkeit, gegenüber einer andersdenkenden Mehrheit zu bestehen. Diese Mehrheit konstituierte sich erst unter den Funktionären des Literaturbetriebs, der Institutionen und innerhalb des Schriftstellerverbandes. Im Privatbereich hingegen hatten diese Autoren oft glühende Verehrer. Monika Maron beschreibt diese eigentümliche Situation unter Dissidenten und Regimekritikern:

> Die Schriftsteller in der DDR waren eine besonders verwöhnte Gruppe ihres Berufsstandes. Damit meine ich weniger die von der Obrigkeit gewährten Privilegien als die allgemeine Verehrung, die ihnen zuteil wurde, selbst von Menschen, zu deren Gewohnheiten das Lesen von Büchern nicht gehörte.[269]

Der Zusammenhalt zwischen den Schriftstellern war nur teilweise gegeben und muss differenziert gesehen werden. Da ein großer Teil der etablierten Schriftsteller, etwa im Schriftstellerverband, mit Spitzeln durchsetzt war[270], kann vermutet werden, dass aus dieser Institution kaum Regimekritisches zu hören war. Im Gegenteil musste man in solchen Fällen mit dem Ausschluss rechnen, wie es vielen Autoren geschah, die den Protestbrief nach der Biermann-Ausbürgerung unterschrieben[271]. Zwischen den Widerständlern unter den Autoren jedoch bestand Kollegialität. Joachim Seyppel berichtet:

> In der Bundesrepublik hatte ich immer empfunden, daß es unter Schriftstellern zwar ein hohes Maß an Kollegialität gebe, aber beim Fehlen einer einzigen, absoluten Macht auch die politische Solidarität an der Basis fehlte. [...] Anders drüben. Im Schatten der absoluten Macht streben die einen zum Licht, und zwar in der nach oben zu immer enger werdenden Pyra-

---

[269] Das neue Elend der Intellektuellen, S.84.
[270] vgl. 2.2.
[271] „Alle ‚kleinen' Leute, im Schriftstellerverband, die während der Auseinandersetzungen mit den Biermann-Sympathisanten schweren Herzens einem Verbandsausschluß dieser Leute zustimmten, kommen sich heute durch den Präsidenten, der ihnen damals riet, diese Leute aus dem Schriftstellerverband auszuschließen, an der Nase herumgeführt vor". BStU, ZA, HA XX, ZMA XX 4130, Bd.2, Bl.78. Zitiert nach Walther, S.462.

mide des Partei- und Staatsapparates [...]. Die anderen bleiben unten im Schatten der Macht, und nun ist es an ihnen, über bloßen kollegialen Beistand [...] hinaus auch gegenseitig [...] Existenzerhaltung zu treiben. [...] Sind Literaten im Westen mit ihrer Presse unzufrieden, so sagen sie es, sie greifen zu Boykottmaßnahmen oder gründen unter Umständen eine eigene Zeitung.[272]

Aber die Öffentlichkeit, an der man sich reiben konnte, mit der man sich auseinandersetzen mußte, gab es [in der DDR; C.R.] nicht.[273]

Diese Öffentlichkeit[274], die pluralistisches Denken zulässt, galt im Gegenteil als ‚Schreckgespenst' des Westens. Den Wunsch der Oppositionellen, eine solche Öffentlichkeit zu schaffen, sah das MfS nicht nur mit Misstrauen, sondern gar als Bedrohung an.

Bei einer Analyse der Entwicklungstendenzen von Operativvorgängen und OPK sind folgende Punkte gegenwärtig klar zu erkennen: – das Bestreben von jungen Nachwuchsautoren, eine gesellschaftlich unabhängige Literaturbewegung aufzubauen und zu entwickeln; – Versuche und Bildung von Zusammenschlüssen der unterschiedlichsten Art und Weise mit dem Ziel, eine größere Öffentlichkeitswirksamkeit zu erzielen; – [...] verbunden mit der Verbreitung pluralistischer Denk- und Verhaltensweisen.[275]

Die Nachwuchsautoren versuchten sich eine eigene Öffentlichkeit zu schaffen, die jenseits der staatlich kontrollierten Medien lag. Pluralismus meint hier vor allem Meinungsfreiheit. Man wirkte auf eine Verände-

---

[272] Seyppel, S.129f.
[273] Gräbener, S.73.
[274] vgl. Habermas, S.47.
[275] BStU, ZA, ZMA XX 4130, Bl.91. Zitiert nach Walther, S.124.

rung der Gesellschaft hin, allerdings ohne Aussicht auf Erfolg, wie Monika Maron rückblickend glaubt. „Also nachträglich denke ich, daß solange die Russen waren wer sie waren, es eigentlich keine Möglichkeit zur gesellschaftlichen Veränderung gab."[276]

Zur Kontrolle der ‚öffentlichen' Meinung kamen andere, durchaus repressive Methoden, mit denen den Schriftstellern das Leben schwergemacht wurde. Nicht selten beinhaltete dies die Eröffnung sogenannter ‚Operativer Vorgänge' seitens des MfS.

> In der Praxis genügte den operativen Spezialisten auf der „Linie Schriftsteller" oft nicht der manipulative Eingriff in berufliche Belange (Unterbinden von Publikationen, Bestellen negativer Gutachten etc.), sie schreckten auch nicht davor zurück, in Ehe- und Liebesverhältnisse Unfrieden zu tragen oder diese zu zerstören.[277]

Ein weiterer wirkungsvoller Ansatz war der finanzielle. Durch die Verhinderung der Veröffentlichung und des Verkaufs von Büchern konnte man die Schriftsteller langsam in finanzielle Notsituationen drängen, aus denen sie oft nur durch die Annahme anderer Arbeit herauskamen. Dieses Druckmittel betraf Monika Maron nicht, da sie finanziell unabhängig war.[278]

Auf die Frage, ob sie selbst je so verhört wurde, wie Martha im Roman *Die Überläuferin*, antwortet Maron im Interview:

> Nein, denn als Tochter von Karl Maron, dem ehemaligen Innenminister, wollte man eigentlich immer gerne, daß ich meine Meinung ändere. Die Gespräche im Ministerium wurden sich mit der Zeit jedoch immer ähnlicher. Teilweise ver-

---

[276] Dietrich, Monika Maron im Interview, S.293.
[277] Walther, S.329.
[278] vgl. Gräbener, Monika Maron im Interview, S.73.

liefen sie sogar nach genau dem gleichen Wortlaut ab. Ich bin dabei immer relativ freundlich behandelt worden.[279]

Monika Maron wurde also auch nach Eröffnung ihres OV noch bevorzugt behandelt. Sie wurde aber ebenfalls zu regelmäßigen Verhören geladen. Auch andere Benachteiligungen setzte das MfS gegen Maron genauso ein, wie gegen andere Oppositionelle. Eine dieser Repressalien war die Ausreiseerlaubnis. International bekannte Autoren bekamen nicht selten Einladungen ins nichtsozialistische Ausland, etwa um dort mit Preisen geehrt zu werden. Solche Auslandsreisen mussten aber erst genehmigt werden, und hierbei galt die Politik von Zuckerbrot und Peitsche.

Solange die Möglichkeiten zu reisen von solcher Willkür verwaltet werden, sind sie kein Recht, sondern eine Gnade, die jederzeit verweigert, erteilt, entzogen werden kann und die zum Wohlverhalten verführt.[280]

Ich sage mir, daß die Behörde, ob sie will oder nicht, mir in jedem Fall Gutes tut. Läßt sie mich reisen, freue ich mich, kann in öffentlichen Lesungen um Gunst der Leser buhlen, treffe Kollegen und sehe die Welt. Läßt sie mich nicht, zwingt sie mich, die ich zur Faulheit neige, zu kontinuierlicher Arbeit, so daß ich zum höheren Ruhme meines Landes ein neues Buch schreiben kann, das in der gleichen Behörde umso schneller zur Begutachtung (die bisher immer als Mißachtung ausfiel) vorliegt, je seltener sie mich reisen lässt. Dann, hoffe ich, stöhnt die Behörde und klagt: Hätten wir sie doch reisen lassen, dann müßten wir jetzt nicht ihr Buch ablehnen. So lebt sie. Und Sie wollen mit mir Mitleid haben? Bedauern Sie die Behörde.[281]

---

[279] Gräbener, Monika Maron im Interview, S.74.
[280] Trotzdem herzliche Grüße, S.48.
[281] ebd., S.24.

Das Literatursystem war gut genug organisiert, um die Veröffentlichung eines Buches gänzlich verhindern zu können. Dies geschah auch mit Marons Büchern. Das Erscheinen ihrer Romane wurde unmöglich gemacht, weil die zuständige Zensurbehörde ihre Zustimmung entweder immer weiter hinauszögerte oder gänzlich versagte. Als Folge gab Maron ihre Bücher zur Publikation in den Westen. Hieraus entstand eine skurrile Situation für die Autorin.

> Und von da an war Monika Maron eine Geisterautorin: in der DDR nicht existent, aber dort lebend – im Westen nicht präsent, es sei denn durch ihre Bücher. Das Spannungsverhältnis, das darin lag, hat die Kämpferinnennatur der Monika Maron geprägt.[282]

Dieses Problem beschrieb Maron in einem Essay über Uwe Johnson folgendermaßen:

> Um von denen gelesen zu werden, über die er schrieb, hätte er dort bleiben müssen, wo man ihn nicht druckte und wo seine Entscheidung, Autor des Suhrkamp Verlags zu werden, vermutlich auch bedeutet hätte, Häftling in Bautzen zu werden. Im Augenblick, in dem er der Welt als Schriftsteller gegenübertrat, hatte er zu wählen, ob er ein Märtyrer oder der Autor der „Jahrestage" werden wollte.[283]

Der Entschluss, trotz aller Schwierigkeiten in der DDR zu bleiben und im Westen zu veröffentlichen, hieß also zunächst, zwar veröffentlichen zu können, allerdings in einem Land, von dem man weder Kritik noch Lob bekommen konnte. Man schrieb und gab sein Buch weg, ohne wieder davon zu hören. Hier konnte der Staat ausgetrickst werden. Trotz aller Schwierigkeiten gab es vereinzelt Rückmeldungen aus dem Westen, entweder über ihren Verlag, der ihr ja auch ihr Geld und die Freiexemplare[284] schickte, oder über das Westfernsehen, wo Maron etwa die

---

[282] Grunenberg, S.116.
[283] Ein Schicksalsbuch, S.21.
[284] vgl. 3.1.2.

Besprechung von „Flugasche" mitverfolgte[285]. Für die Westleser galt Maron als Dissidentin, man wollte in ihren Romanen Regimekritik lesen. Auch im Osten wurde sie einem Kreis von Lesern bekannt[286].

> Die Leute haben ja größtenteils die Bücher nur gekauft, um durch die Literatur informiert zu werden. Aber es waren ja unter den Lesern Leute – deshalb waren ja die DDR-Schriftsteller so bedeutend –, die normalerweise keine Bücher gelesen haben. Sie haben die Bücher wie den *Spiegel* [Hv. im Original] gelesen. Bücher wurden auf Stellen gelesen. Meist haben sie nicht einmal die Bücher gelesen, sondern nur die Interviews gelesen oder gesehen, die man gegeben hat. Meine Briefträgerin, die mich verehrte, hat mich nur im Deutschlandfunk gesehen. Die hat nie eine Zeile von mir gelesen. Sie verehrten uns dafür, daß wir uns das Recht herausnahmen und etwas sagten, was sie auch gerne gesagt hätten.[287]

Monika Maron hat sich mit verschiedenen möglichen Reaktionen auf die Repressalien des Literatursystems auseinandergesetzt, bevor sie sich entschied, offensiv und provokant gegen den Staat anzuschreiben.

Zunächst macht sie sich Gedanken über die Auswirkungen des „Schreibens für die Schublade". Viele kritische Autoren der DDR schreiben ihre Kritik in dem Bewusstsein, dass sie sie nie veröffentlichen können. Das Manuskript verschwindet sozusagen in der Schublade, anstatt zum Verlag geschickt zu werden. Diese Möglichkeit, mit ihrem Bedürfnis zu Kritik umzugehen, verwirft Maron schon in ihrem Roman *Flugasche*, wo ihre Protagonistin Josefa sich diesem Problem stellt und ihr geraten wird, doch einfach zwei Reportagen zu schreiben, eine mit der Wahrheit und eine, die gedruckt werden kann.[288] Diesen

---

[285] vgl. 3.2.
[286] Auch im Osten hat Maron Leser, trotz aller Vorsicht des MfS, z.B. die der 100 Freiexemplare von *Flugasche* oder die anderer kleinerer Schriften, etwa ihrem Beitrag in der Untergrundzeitung *Mikado*.
[287] Dietrich, Monika Maron im Interview, S.294.
[288] vgl. 3.1.1.

Rat ihres Freundes Christian bezeichnet Josefa als „Intellektuelle Perversion"[289].

Monika Maron entscheidet sich dafür, die Wahrheit zu schreiben. Doch nun stellt sich die Frage, wie sie es anstellen könne, dass Ihre Bücher auch gelesen werden. Wenn man Marons Aussage glauben kann, sie habe mit der Stasi zusammengearbeitet, um sich vor ihr zu schützen[290], stellt die Zusammenarbeit auch einen Versuch dar, gegen das Literatursystem anzukämpfen. Durch ihre begrenzte Mitarbeit bei der Stasi hoffte sie, von der zentralen Gewalt des Literatursystems vor eben diesem geschützt zu sein. Somit operierte sie gewissermaßen hinter den feindlichen Linien, nur auf andere Weise, als es das MfS von ihr wollte. Aber auch diese Strategie des Widerstands mittels Kooperation verwirft Maron und beendet ihre Mitarbeit bei der Stasi 1978.

Nun wird der *OV Wildsau* gegen Maron eröffnet. Somit ist sie bereits deutlich gegen den Staat positioniert. Eine weitere Strategie, die Maron nun austestet, ist die Vernetzung mit anderen Widerständlern im Untergrund. 1985 veröffentlicht sie den Roman-Auszug *Tod* in der Untergrund-Literaturzeitschrift *Mikado*, der im folgenden Jahr in der BRD in ihrem Roman *Die Überläuferin* publiziert wird.

Die Zeitschrift *Mikado* wurde 1981 gegründet und bis 1987 herausgegeben, zunächst unter dem Namen *Der Kaiser ist nackt*, seit 1983 unter dem Namen *Mikado*.

> Mikado – Zehn Seiten für den privaten Gebrauch, wird heute als das „wohl bedeutendste Forum der unabhängigen DDR-Literatur" eingeschätzt[291].

In dieser Zeitschrift veröffentlichen viele bekannte regimekritische Autoren, unter anderen Adolf Endler, Elke Erb, Uwe Kolbe und Wolfgang Hilbig.[292] Dabei war den Herausgebern eigentlich gar nicht daran

---

[289] ebd.
[290] vgl. 2.4.
[291] Wegner, S.143.
[292] vgl. Mix: „Unüberhörbar wie Kremlglocken, S.681.

gelegen, gegen das als restriktiv empfundene Literatursystem anzukämpfen.

> Wir wollten [...] keine Sammlung der literarischen Opposition, wir wollten einfach eine andere Öffentlichkeit[293].

> Es bedurfte des [...] sich selbst Mut zuflüsternden Ausrufes Der Kaiser ist nackt [...], um zu begreifen, daß Literatur auf ihrem Weg in die Öffentlichkeit nicht allein auf Verlage, Redaktionen, Buchhandlungen und Druckereien angewiesen ist.[294]

Die Herausgeber haben eine Gegenöffentlichkeit geschaffen, die „von den Instanzen der etablierten Literaturvermittlung fast völlig ignoriert"[295] wird. Die Publikation umgeht das Literatursystem der DDR, indem es die gesamte Veröffentlichung in Eigenregie leistet.

> Die Auflagenhöhe von hundert Exemplaren pro Heft mag in einer Umgebung, die in Glanzpapier unterzugehen droht, lächerlich erscheinen, doch sie stellt in einem Land, in dem es keine Kopiergeräte in privater Hand gibt, die Obergrenze dessen dar, was auf nichtlegale oder außerlegale Weise herzustellen ist. Für uns war es dennoch ein lohnendes Ziel, da man hoffen konnte, daß jedes Heft nicht nur vom Käufer gelesen, sondern weitergegeben wurde und daß es für die Wirkung von Literatur weniger wichtig ist, wie viele sie lesen, als wer die Leser sind.[296]

York Gothart Mix wertet diesen Drang zu einer Gegenöffentlichkeit im ‚Untergrund' als bemerkenswert. Es sei immer wieder vorgekommen, dass sich einige Autoren im Selbstverlag produzierten.

> Ungewöhnlich ist jedoch, daß eine ganze Autorengeneration zum herrschenden Literatursystem auf Distanz geht und im

---

[293] Kolbe/Trolle/Wagner, S.9.
[294] ebd., S.7.
[295] Mix: "Unüberhörbar wie Kremlglocken", S.681.
[296] Kolbe/ Trolle/Wagner, S.9.

eigenen Land divergierende, zum Buchmarkt und den kulturellen Normen in Widerspruch stehende Kommunikationsstrategien konzipiert und realisiert.²⁹⁷

Monika Maron lässt nur diesen einen Romanauszug in *Mikado* veröffentlichen. Scheinbar fühlt sie sich unter den Nachwuchsautoren, die in Mikado zumeist veröffentlichen, nicht wohl.

> Für die Zeitschrift Mikado habe ich mal was gemacht, aber die waren alle viel jünger als ich. Mit der Szene, also dem Prenzlauer Berg, hatte ich nicht viel am Hut. Ich bin dort mal hingegangen, schon um die Autoren zu unterstützen, aber das waren alles mehr Einzelsachen.²⁹⁸

Der Prenzlauer Berg beherbergt in den achtziger Jahren eine Reihe systemkritischer Literaten, deren bekanntester wohl Alexander („Sascha") Anderson ist. Anderson selbst ist, wie nach der Wende bekannt wird, IM der Stasi.

> Etwa 1984 hatte er sein Ziel erreicht: Ohne Anderson lief in der Szene nichts mehr, wer etwas werden wollte, bedurfte seines Wohlgefallens. [...] Man sprach auch vom „Kunstkombinat Anderson".²⁹⁹

Nach den Enthüllungen um 1990 wird die gesamte Literatur des Prenzlauer Bergs neu eingeordnet und zunächst übertrieben abschätzig als „Stasi-Plantage"³⁰⁰ bezeichnet.

> Dennoch kann nicht resümiert werden, die Staatssicherheit habe die alternative Kunstszene vom Prenzlauer Berg insgesamt inszeniert oder gar „simuliert", da der Kreis um Anderson zwar die meiste öffentliche Aufmerksamkeit auf sich zog, es

---

²⁹⁷ Mix: „Unüberhörbar wie Kremlglocken", S.680.
²⁹⁸ Dietrich, S.295.
²⁹⁹ Walther, S.640.
³⁰⁰ Berendse, S.7.

jedoch eine Vielzahl von Subszenen gab, auf die Anderson keinen Einfluß hatte.[301]

Nachdem sich Monika Maron auch gegen die verschiedenen Formen der ‚Untergrund-Literatur', also den Selbstverlag Mikado und die ‚Szene' des Prenzlauer Bergs, entschieden hat, entwickelt sie immer stringenter ihre persönliche Note, die provokante Herausforderung des Regimes durch die deutliche Kritik in ihren Romanen.[302] Sie wird zu einer „Rachegöttin hinter der Schreibmaschine."[303]

Maron ist sich ihrer Situation als Gegnerin ihres Regimes und der Zensur durchaus bewusst. Als Parallele zur Zensur Metternichs im deutschen Vormärz und ihrem großen Vorbild Heinrich Heine erklärt sie dem *Spiegel* rückblickend: „Habermas hat einmal Heinrich Heine „öffentliches Engagement ohne politischen Auftrag" bescheinigt. So kann ich mich auch verstehen."[304]

Diese Opposition gegen das System führt sie weiter zu einer philosophischen Verweigerung grundsätzlicher gesellschaftlicher Werte. Diese Philosophie lässt sie in *Die Überläuferin* durch die Figur Martha vertreten, die anarchistische Züge trägt.

> Noch heute halte ich Menschen, die stehlen und lügen können, für freiere Geschöpfe, als die übrigen, die es nicht können.[305]

Da Maron, trotz aller Versuche des Literatursystems, ihre Veröffentlichung zu verhindern, im Osten wie im Westen Deutschlands gelesen wird, hat sich das Bild einer oppositionellen Schriftstellerin und damit eine spezifische Erwartungshaltung ihrer Leser herausgebildet.

---

[301] Walther, S.641.
[302] Die Entscheidung, die letzte der vier erprobten Strategien zu wählen, fiel nicht chronologisch, sondern reifte parallel zumindest mit ihrer Veröffentlichung bei *Mikado* im Jahr 1985. *Flugasche* wurde schon zwischen 1976 und 1978 geschrieben. vgl. 3.2.
[303] Stille Zeile Sechs, S.205.
[304] Ich hab ein freies Herz, S.188.
[305] Die Überläuferin, S.48.

Mich überkommt beim Schreiben manchmal die unbezähmbare Lust, etwas ganz deutlich, ganz klar und eindeutig auszusprechen, nur weil ich es sonst nirgends lesen kann. Das sind dann oft die Stellen, die von meinen Lesern hier am gierigsten gelesen werden, von den West-Rezensenten am häufigsten zitiert, und die mir später in der Regel am wenigsten gefallen.[306]

Trotz ihrer Schwierigkeiten zu veröffentlichen und der begrenzten Verfügbarkeit ihrer Bücher, die von Hand zu Hand weitergegeben werden, ist sie in beiden deutschen Staaten bekannt. Die Kontrolle der Leser-Öffentlichkeit durch das Literatursystem hat offensichtlich nicht zur Unbekanntheit der ausgegrenzten Kritikerin geführt, vielmehr hat sich die gesuchte Öffentlichkeit ins Private verlagert. Dies erklärt die beachtliche Bekanntheit Marons trotz des Druckverbots für ihre Texte. „Ich fand Blumen an meiner Wohnungstür und Pralinen unterm Fußabtreter mit ermutigenden Grüßen meiner heimlichen Leser."[307]

Offenbar ist der kritische Inhalt ihrer Bücher nicht der alleinige Grund für Marons Bekanntheit. Zusätzlich verkörpert sie durch ihren Widerstand ein Heldenbild, das ihr große Sympathien auch der nicht lesenden Bevölkerung[308] einbringt. Monika Maron ist nicht nur eine gelesene Schriftstellerin, sie ist ein Symbol für den Widerstand geworden, also genau das, was das Ministerium für Sicherheit durch das Druckverbot verhindern wollte.

### 3.4 Die Übersiedlung nach Hamburg

Diese paradoxe Situation, ihr Publikum hauptsächlich jenseits des Eisernen Vorhangs zu haben, löst sich für Maron erst mit ihrer Ausreise 1988. Der Auslöser ist das endgültige Druckverbot für *Flugasche*, nachdem die Veröffentlichung zwischendurch wieder in Aussicht gestellt wurde. Dies wurde aber rückgängig gemacht, unter anderem mit dem

---

[306] Trotzdem herzliche Grüße, S.59.
[307] Das neue Elend der Intellektuellen, S.85.
[308] vgl. 3.3.

Verweis auf ihren Briefwechsel mit Joseph von Westphalen, der damals als Projekt der Wochenzeitung *Die Zeit* entstand[309].

Nachdem Maron sich in den vergangenen Jahren immer grundlegender mit „ihrem" Staat entzweit hat, ist nun die definitive Ablehnung eine letzte große Enttäuschung der Hoffnung, die Gesellschaft der DDR doch noch verändern zu können. Maron befindet sich schon vor der Übersiedlung in den Westen in einer inneren Emigration[310] und wendet sich nun endgültig von ihrem Staat ab. 1988 verlässt sie die DDR und zieht nach Hamburg, wohin auch Wolf Biermann gezogen war. „Entscheidend war wohl, daß in Hamburg die Arbeit an ihrem Roman wieder in Gang kam, die ihr in Ostberlin zum Schluss unmöglich geworden war."[311]

Mit diesem Roman ist *Stille Zeile Sechs* gemeint, den Maron schon 1985 in Berlin beginnt, der aber erst 1991 beim *S. Fischer Verlag* veröffentlicht wird.

> Komischerweise, heißt es in einem Interview, ist mir der Ton hier in Hamburg viel leichter gefallen. Ich war zwischendurch ein paar Mal in Ostberlin und hab' da geschrieben oder versucht zu schreiben und merkte, daß ich sofort in so 'ne alte Aufregung zurückgekommen bin. Es ging nicht, und als ich in Hamburg war, ging es wieder leicht.[312]

Kurze Zeit nach ihrer Ausreise aus der DDR fällt die Mauer. In dieser Zeit der Wiedervereinigung der deutschen Staaten ist sie mit zahlreichen Essays und Zeitungsartikeln präsent und begleitet kritisch den Prozess der Annäherungen zweier so unterschiedlicher Bevölkerungen. Einige Zeit später kehrt sie zurück nach Berlin, zurück in eine Gesellschaft, die sich schließlich doch noch verändert hatte, und an deren Veränderung sie als ein Vorbild des Widerstands gegen das Regime beteiligt war.

---

[309] vgl. Dietrich, S.49.
[310] vgl. ebd.
[311] Wiedemann, S.21.
[312] ebd.

## 3.5 Reflexion und Identität

Im Kampf gegen das Literatursystem ist Monika Maron weitgehend auf sich alleingestellt. Um dem täglichen Mühsal und den Selbstzweifeln begegnen zu können, ist es vermutlich wichtig, sich ein klares Bild von sich selbst und von seinem Gegner zu machen. Christa Wolf entwirft im Zuge der Abgrenzung ihrer Identität vom Zensurbetrieb den Begriff von der „Subjektiven Authentizität"[313]. Vielleicht rührt aus dieser Notwendigkeit das Bestreben Marons, sich selbst zu erfinden.[314]

Wiederholt beklagt sie, dass es in der DDR schwer ist, eine eigene Identität aufzubauen und seine eigene Biografie zu wahren.[315] Hierbei meint Maron mit „Biografie", die Bedeutung der individuellen Erfahrungen für das eigene Leben.

Mit der Suche nach der eigenen Biografie stellt sich für Maron auch die Frage, was denn überhaupt ihre eigene Biografie sein solle.

> Möchte sie ein neues Selbstkonzept jenseits des (DDR-) Alltages aufbauen, muss sie einen *Kontrast* [Hv. im Original] zu ihrem früheren Leben herstellen: „Die [vergangenen] Dinge zerschlagen und weiterleben."[316]

Gleichzeitig stellt sich für Maron die Frage: „Wie wird das Leben erzählbar?"[317] In ihrem Roman *Flugasche* stellt sich dieses Problem zum ersten Mal. Im zweiten Teil des Romans wechselt plötzlich die Perspektive, das Folgende wird retrospektiv erzählt und reiht sich mit mehreren Träumen in eine Kette von Impressionen ein, die sich in ihrer Narration von der ersten Hälfte stark unterscheiden[318].

> Statt einen Diskurs der Verdrängung verfolgt Josefa im zweiten Teil einen Erinnerungsdiskurs, der der Selbstvergewisse-

---

[313] vgl. Wolf, S.773ff.
[314] Hier sei auf Katharina Bolls neu erschienenes Buch: *Reflexion und Identität* verwiesen, das sich intensiv mit Marons ‚Selbstfindung' beschäftigt.
[315] vgl. 3.1.2.
[316] Boll, S.43.
[317] Lebensentwürfe, Zeitenbrüche, S.18.
[318] vgl. 3.2.

rung dient. Sie wartet auf einen Anruf Luises, der ihr das Ergebnis der Parteiversammlung übermitteln soll. Dieses Warten nutzt Josefa, um retrospektiv die vergangene Zeit Revue passieren zu lassen. Das chronologische Prinzip des ersten Teils ist aufgegeben. Stattdessen formt sich aus dem Blickwinkel Josefas „ein Text aus Erinnerungen, Träumen und Visionen".[319]

> Die Ereignisse werden nicht mehr chronologisch erzählt. Vielmehr beginnen die Romane mit dem Ende der Geschichte: Die eigentliche Romanhandlung vollzieht sich in der retrospektiven Rückschau der Protagonistinnen.[320]

Diesen neuen narrativen Aufbau behält Maron auch in den folgenden Romanen bei.

> Sich erinnernd und diese Erinnerungen reflektierend entwerfen die Protagonistinnen immer wieder aufs Neue ihr Leben und damit die eigene Biografie.[321]

Das gilt auch für Monika Maron. Sie ordnet ihre persönliche Biografie neu, wertet Erlebnisse um, versucht, sich an Vergessenes wieder zu erinnern.

> Erinnern meint nicht die Reproduktion einer vergangenen Geschichte, sondern die retrospektive Reproduktion, welche mit dem Terminus „erfinden" besser zu fassen ist.[322]

Maron benutzt ihre Romane oft, um Lebenskonzeptionen durchzuspielen. Besonders die Idee von dem ‚Bekenntnis' zur eigenen Biografie[323] thematisiert sie immer wieder.

> Der Großvater Pawel, die Großmutter Josefa und Werner Grellmann – drei Personen, die Josefa zum Vorbild werden in

---

[319] Boll, S.31.
[320] Boll, S.33.
[321] ebd., S.24.
[322] ebd., S.101.
[323] vgl. Flugasche, S.99: „Jede dieser Biographien beruhte auf einem Bekenntnis."

> ihrer Definition einer eigenen Biografie. Alle drei Personen unterwarfen sich nicht den Zwängen eines Systems, sondern waren ihrer Biografie treu.[324]

Die Großeltern und Werner Grellmann sind zugleich Vorbilder für Josefa und erfundene Vorbilder für Monika Maron. Grellmann ist ein einzig in ihrem Roman vorkommender Charakter. Die in *Flugasche* ebenfalls beschriebenen Großeltern orientieren sich zwar in Namen und Geschichte an Monikas eigenen Großeltern, aber da Maron kaum etwas über sie weiß, sind auch die Großeltern weitgehend fiktionale Charaktere, die sie mit der eigenen Fantasie ausschmückt. Monika Maron erfindet ihre eigenen Leitbilder.

> Die Erinnerungen an Werner Grellmann sind Gegenentwürfe zu den deformierten, pathologischen Gestalten aus Josefas Arbeitsalltag: Sie lassen sich nicht aus der Bahn werfen. Wenn auch die äußeren Zwänge noch so drücken, ‚verraten' sie ihre Biografie nicht.[325]

Die Entscheidung, solchen Wert auf die „Treue" zur eigenen Biografie zu legen, hat ihre Ursache einmal mehr in Marons problematischem Verhältnis zum Stiefvater Karl Maron. In mehreren Texten stilisiert sie nach seinem Abbild die ‚Täter' der Gründergeneration der DDR. „In diesem Jahrhundert wüteten zwei barbarische Regime in Europa. Nicht selten wurden die Opfer des einen zu den Tätern des anderen."[326]

Dass aus den Opfern des einen Regimes die Täter des anderen geworden waren, ist einer ihrer zentralen Vorwürfe an diese Generation[327] und besonders an Karl Maron. Auch er ist seiner Biografie nicht treu geblieben, sondern verriet das Opfer, das er als Kommunist unter den Nazis war, als Täter. Dieser Vorwurf wird im Roman *Stille Zeile Sechs* an Herbert Beerenbaum verdeutlicht.

---

[324] Boll, S.35.
[325] Boll, S.37.
[326] Ich war ein antifaschistisches Kind, S.17.
[327] vgl. 3.1.2.

Der intrapersonale Konflikt (Rosalind und ihre Geschichte) aus „Die Überläuferin" wird in „Stille Zeile Sechs" zu einer personalen Auseinandersetzung um zwei unterschiedliche Lebensentwürfe (Rosalinds Geschichte und Beerenbaums Memoiren).[328]

Durch diese Technik des Erinnerns konstituiert sie ihre Charaktere fast völlig in einem handlungsfreien Raum. Viele Handlungen werden durch Erinnerungen an Handlungen ersetzt. Dies wird besonders in *Die Überläuferin* deutlich. Rosalind beschließt ja genau diese ‚Nicht-Handlung'. Durch die vielen Erinnerungs- und Traumsequenzen gelingt es Maron, die Zeit- und Realitätsebenen verschwimmen zu lassen. So gewinnt das Imaginäre an Wahrheit.

Der Erinnerungscharakter selbst wird zum Romaninhalt gemacht, wodurch der Roman den Charakter eines ‚Erinnerungsstroms' besitzt. Aus den retrospektiven Erinnerungen Rosalinds ergibt sich eine Geschichte: Rosalinds Suche nach dem Selbst.[329]

Die Folgen der Entscheidung Marons, sich eine ‚retrospektive Identität' aufzubauen, zeigen sich auch in einem sehr prosaischen Kapitel in Marons Leben, ihrer Mitarbeit bei der Stasi[330]. Wie schon dargelegt, weicht die nach 1995 veröffentlichte Version Marons über ihre Stasi-Mitarbeit in vielen Punkten von den Protokollen der Stasi erheblich ab. Maron erinnert sich an die Treffen offenbar anders als das Ministerium.

Auch die Frage, warum Maron die Mitarbeit, von der sie sich schon so früh distanzierte, erst so spät gesteht, bleibt ungeklärt. Ihre Mitarbeit ihren Dissidenten-Freunden und der sie als Widerständlerin feiernden Leserschaft schon zu DDR-Zeiten bekannt zu geben, wäre sicherlich gefährlich gewesen. Aber nachdem die DDR und mit ihr die Stasi zu Geschichte geworden ist, wäre es für die Autorin, die von sich selbst be-

---

[328] Boll, S.21.
[329] ebd., S.41.
[330] vgl. 2.4.

hauptet „Ich hab' ein freies Herz"[331], an der Zeit gewesen, zu reden. Statt dessen rechnet sie mit ehemaligen Regime-Konformen ab[332]. Erst als 1995 bekannt wird, dass sie für die Staatssicherheit gearbeitet hat, tritt sie mit ihrer Geschichte an die Öffentlichkeit. Bis heute ist dieses für ihr Selbstverständnis als Widerständlerin und Regimekritikerin bedeutende Intermezzo in keinem ihrer narrativen Werke angesprochen oder durchgespielt worden, obgleich sie sich in Aufsätzen und Essays immer wieder wortgewaltig verteidigt hat. Es muss wohl in ihrer retrospektiven Identität ein blinder Fleck geblieben sein.

In ihrem im Jahr 2002 erschienenen Artikel *Lebensentwürfe, Zeitenbrüche*[333] stellt Maron diese Form der ‚Selbsterfindung' selbst in Frage:

> Um an meinem Misstrauen in die Freiheit unserer Selbsterfindung und in biografische Wahrheiten keinen Zweifel zu lassen, will ich auf unseren unwiderstehlichen Drang verweisen, unseren Lebensgeschichten nachträglich, in diesem aus unzähligen Quellen zusammengeflossenen Verlauf unserer Lebenszeit einen Sinn zu geben, indem wir ihm eine Kausalität erfinden und damit uns selbst eine erzählbare Biografie.[334]

Ob sie von dieser „Selbsterfindung" aus Dissidenten-Zeiten mittlerweile Abstand genommen hat, ist nicht bekannt.[335]

---

[331] Titel des Interviews mit dem Spiegel 1994.
[332] vgl. den Aufsatz „Fettaugen auf der Brühe".
[333] Lebensentwürfe, Zeitenbrüche, S.18.
[334] Lebensentwürfe, Zeitenbrüche, S.18.
[335] Hier sei darauf verwiesen, dass eine Eigenschaft der Identifizierung Reflexivität ist. Ihre eigene Positionierung spiegelt also auch das Verhalten des Staates wieder, der den Dissidenten, mit denen sie zeitweise sympathisierte, die Rolle der Rechtlosen und Ausgestoßenen zuweist. Diese gesellschaftliche Rolle nimmt sie im Identifikationsprozess ebenfalls an. Zugleich entspricht ihr kämpferisches Rollenverständnis, in dem sie sich durch die Instrumentalisierung ihrer Identität gegen das Regime positioniert, eben jener Identität des Staates, der seine inneren Bezüge und Bedeutungen einer moralischen Positionierung gegen „den Feind" unterwirft. Das Kämpferische des ideologisierten, doktrinären Staates findet seinen Eingang in Marons Selbstverständnis. Dies zeigt, dass sich Widerstand und Selbstbild in einer engen kausalen Verbindung mit der spezifischen Eigenart des

René Descartes stützt sich in seinen *Meditationes de Prima Philosophia* auf zwei philosophische Beweisformen aus seinen Text *Principia Philosophiae*:

„Es gibt jedoch zwei Arten des Beweisens, nämlich die analytische und die synthetische."[336] Von der analytischen, die heute etwa für wissenschaftliche Beweise verwendet wird, sagt Descartes, sie weise den Weg von den Ursachen ausgehend zu den Folgen. Die synthetische hingegen verfolgt den umgekehrten Weg, also von den Folgen ausgehend. „Ich freilich habe in meinen Meditationen allein den zur Belehrung wahren und vorzüglichen Weg der Analysis beschritten".[337]

Die synthetische Beweisform, die gleichsam „a posteriori" den Beweis von hinten nach vorn führt, lehnt Descartes ab. Gerhard Schmidt vergleicht im Vorwort zu den *Meditationen* die rückwärtige Beweisführung, wie sie auch von Maron für ihre Reflexionen benutzt wird, mit „einer synthetischen, also gewissermaßen gepanzerten Darstellung". „Der Leser mag sich noch so sehr sträuben und auf seinem Standpunkt beharren, die Zustimmung wird ihm entwunden."[338] Die synthetische Beweisführung dient also mehr der rhetorischen Rechtfertigung als der an Erkenntnisgewinn orientierten wissenschaftlichen Beweisführung.[339]

Descartes und Maron setzen sich mit einem vergleichbaren Phänomen auseinander. Maron stellt die retrospektive Betrachtung der Identität nicht in Frage. Nur ihre Herangehensweise würde Descartes vermutlich nicht teilen. Maron folgert nämlich nicht die Identität aus den Ursachen (also ihren Erlebnissen), sondern erinnert das, was sie rückblickend als

---

Regimes steht. Nur durch ihre genaue Kenntnis wird auch der Widerstand plausibel, und er offenbart wertvolle Eindrücke menschlicher Selbstverständlichkeit in diesem Staat.

[336] Descartes, S.11.
[337] ebd., S.12.
[338] ebd.
[339] „Die *Meditationen* sind eine Schule des subjektiven Denkens, die deutlich macht, wie weit die Selbstentfaltung des Subjekts oder des Geistes von Beliebigkeit entfernt ist." (ebd. S.13.)

Ursachen zu erkennen glaubt, ausgehend von ihrer Wunsch-Identität, etwa der des Opfers oder des Widerständlers.

Dass sie sich aus dem Fundus ihrer Erinnerung genau das herausgreift, was das Gewünschte belegen soll und so einen imaginär geradlinigen Weg der Entwicklung bis zu ihrem derzeitigen Stadium der „Identität" nachzeichnet, ist solange ungefährlich, wie sie ihn als konstruiert erkennt. Dennoch bleibt diese Identität eine selektive, die all das verdrängt, was der Autorin nicht passt. Schwierig wird jedoch das Selbstverständnis, wenn man sein ‚Tätersein' vergisst.

Das geht Beerenbaum in *Stille Zeile Sechs* nicht anders. Er sieht sich nicht als Täter, sondern als Opfer. Dass er später zum Täter wurde, ist ihm nicht bewusst[340]. Er hat nur den Teil seiner Biografie akzeptiert, der ihn so darstellt, wie er sich gern sehen möchte.

Vielleicht verdeutlicht das beharrliche Stillschweigen Marons zu ihrer Stasi-Vergangenheit und die vehemente Entrüstung, die sie nach der Enthüllung durch den Spiegel zeigte, eben jene tragische Diskrepanz zwischen der geschichtlichen Wahrheit und dem, woran sie sich erinnern möchte.

Auf diese Weise wäre Rosalind bzw. Monika Maron in ihrem Verhalten gerade dem Mann vergleichbar geworden, als dessen Gegenbild sie sich definieren wollte, Herbert Beerenbaum alias Karl Maron.

---

[340] vgl. Stille Zeile Sechs, S.206: „Wir sind keine Unmenschen. Kommunisten haben gegen Unmenschen gekämpft."

> Gedankenfreiheit genoß das Volk,
> Sie war für die großen Massen,
> Beschränkung traf nur die g'ringe Zahl
> Derjen'gen, die drucken lassen.
>
> *Heinrich Heine: Deutschland. Ein Wintermärchen, S.67.*

## 4 Nachbetrachtung

Ganz wie ihr Lieblingsdichter Heinrich Heine hat Monika Maron den Kampf gegen Staat und Zensur aufgenommen. Wie Heine musste sie ihre Heimat zeitweise verlassen und in einem anderen Staat Zuflucht suchen. Beiden Autoren gemeinsam ist außerdem die dauerhafte zynisch satirische Beschäftigung mit ihrem Staat, dem sie noch nach ihrer Ausreise Widerstand leisten. Was sie allerdings trennt, ist, dass es nur Maron vergönnt war, ihren Gegner untergehen zu sehen und in ein verändertes Land zurückzukehren.

Der Vergleich des Literatursystems der DDR mit dem Zensur- und Spitzelapparat Metternichs liegt nahe. Diese beiden Systeme gehören vermutlich zu den konsequentesten Zensursystemen, die es in Deutschland je gab. Die DDR jedoch verfolgte Intellektuelle durch ihren Geheimdienst und viele öffentliche Stellen weit nachhaltiger und flächendeckender, als dies die deutsche Restauration jemals gekonnt hätte. Das System war in jeder Lebenslage und allen Bereichen des Alltags präsent.

Monika Maron verlässt nach dem Abitur ihr Elternhaus. Sie flieht vor der Autorität des Vaters – und findet sie wieder im omnipräsenten Willen des Staates. Sie begehrt auf gegen die Bereitschaft von Opfern des NS-Regimes, nun Täter im DDR-Regime zu werden – und wird selbst Täterin aus Selbstschutz.

Es liegt die Vermutung nahe, dass auch jemand, der sich seine Identität aussuchen will und das Negative seiner Existenz verdrängt, seiner Vergangenheit und seiner prägenden Umwelt nicht entkommen kann.

Die Frage nach der Schuld, die sie in *Stille Zeile Sechs* Rosalind stellen lässt, bleibt für Monika Maron unbeantwortet. Es bleibt unklar, ob Maron mit dem Vorsatz, Widerstand zu leisten, mit der Stasi zusammenarbeitete, aber ihre Verstrickung in Schuld ist die klare Folge hieraus, auch wenn Maron niemanden ins Gefängnis gebracht hat. Sie hat mit einer Organisation kooperiert, deren Aufgabe die Verfolgung und Terrorisierung anderer war, sie ist Mittäterin geworden.

Für Maron selbst aber ist die persönliche Beschäftigung mit diesem Kapitel ihrer Vergangenheit offenbar abgeschlossen. Vielleicht ist dieser demonstrative Widerstand gegen Schuldzuweisungen durch andere ein Relikt aus der Zeit, in der diese Härte und Selbstgewissheit sie gegen die Angriffe des DDR-Staats schützten.

Monika Marons Kampf gegen das Regime war erfolgreich. Durch ihr Beispiel machte sie auch anderen Mut zur Zivilcourage. Nicht nur ihre eigene Identität formte sie im Kampf gegen den Staat, durch die Publikation ihrer Angriffe und die thematisierte Selbstfindung in ihren Romanen leitete sie auch ihre Leser an, eine solch kämpferische Identität zu finden. Schließlich spiegeln viele Missstände ihrer Protagonistinnen die Probleme ihrer Leser wider. Durch die Moral in ihren Büchern schärfte Maron das moralische Empfinden ihrer Rezipienten und vertrat eine engagierte und rebellische Weltsicht, obwohl zur Hoffnung oft wenig Anlass bestanden haben mag. Aber das war wohl auch nicht anders bei Heine und seinem Kampf gegen den Preussenstaat.

# 5 Abkürzungsverzeichnis

| | |
|---|---|
| AKG | Auswertungs- und Kontrollgruppe |
| AP | Allgemeine Personenablage |
| BRD | Bundesrepublik Deutschland |
| BStU | Bundesbeauftragter für die Unterlagen des Staatssicherheitsdienstes der ehemaligen Deutschen Demokratischen Republik |
| DDR | Deutsche Demokratische Republik |
| GI | Geheimer Informant |
| GMS | Gesellschaftlicher Mitarbeiter für Sicherheit |
| HA | Hauptabteilung |
| HV | Hauptverwaltung |
| IM | Inoffizieller Mitarbeiter |
| IME | Inoffizieller Mitarbeiter im besonderen Einsatz, „Experten"-IM |
| IMV | Inoffizieller Mitarbeiter, der unmittelbar an der Bearbeitung und Entlarvung im Verdacht stehender Personen mitarbeitet |
| Kapo | als Aufseher eingesetzter KZ-Häftling |
| KP | Kontaktperson |
| KZ | Konzentrationslager |
| MfS | Ministerium für Staatssicherheit |
| NSW | Nichtsozialistischer Westen |
| NVA | Nationale Volksarmee |
| OG | Operativgruppe |
| OPK | Operative Personenkontrolle |
| OV | Operativer Vorgang |
| PEN | internationale Schriftstellervereinigung |
| SBZ | Sowjetische Besatzungszone |
| SED | Sozialistische Einheitspartei Deutschlands |
| SSV | Schriftstellerverband der DDR |
| StGB | Strafgesetzbuch |
| ZK | Zentralkomitee der SED |

# 6 Literaturverzeichnis

**Primärliteratur**

nach chronologischer Reihenfolge der Veröffentlichung)

| | |
|---|---|
| Maron, Monika | Flugasche. S. Fischer, Frankfurt a.M. 1981. |
| dieselbe | Das Mißverständnis. Vier Erzählungen und ein Stück. S. Fischer, Frankfurt a.M., 1991. Zuerst: S. Fischer, Frankfurt a.M. 1982. |
| dies. | Die Überläuferin. S. Fischer, Frankfurt a.M., 1988. Zuerst: Fischer, Frankfurt a.M. 1986. |
| dies. | Tod. In: Mikado. Oder Der Kaiser ist nackt. Selbstverlegte Literatur in der DDR. Hg. v. Uwe Kolbe, Lothar Trolle, Bernd Wagner. Luchterhand, Darmstadt 1988. |
| Maron, Monika; Joseph von Westphalen | Trotzdem herzliche Grüße. Ein deutschdeutscher Briefwechsel. S. Fischer, Frankfurt a.M. 1988. |
| Maron, Monika | Ich war ein antifaschistisches Kind. Eine Rede über Deutschland. In: Die Zeit, 1.12.1989, S.70-71. |
| dies. | Stille Zeile Sechs. S. Fischer, Frankfurt a.M. 1993. Zuerst: S. Fischer, Frankfurt a.M. 1991. |
| dies. | Fettaugen auf der Brühe. Die Schriftstellerin Monika Maron über ehemalige DDR-Größen |

|   |   |
|---|---|
| | und ihre Auftritte in den Medien. In: Der Spiegel. 1991. Nr.38, S.244-246. |
| dies. | Nach Maßgabe meiner Begreifungskraft. Artikel und Essays. S. Fischer, Frankfurt a.M., 1995. Zuerst: Fischer, Frankfurt a.M. 1993. |
| dies. | Ich hab' ein freies Herz. Monika Maron über Autoren in der Politik und die Zukunft des VS. In: Der Spiegel. 1994. Nr. 17, o.S. |
| dies. | Meine Mutter hat für Mielke Schmalzstullen geschmiert. Ein Gespräch mit Monika Maron über ihre Kontakte zur „Hauptverwaltung Aufklärung" des Staatssicherheitsdienstes der DDR. In: Frankfurter Allgemeine Zeitung, 7.8.1995. S.25. |
| dies. | Heuchelei und Niedertracht. In: Frankfurter Allgemeine Zeitung, 14.10.1995. S.B1. |
| dies. | Quer über die Gleise. Artikel, Essays, Zwischenrufe. S. Fischer, Frankfurt a.M. 2000. |
| dies. | Ein Schicksalsbuch. In: dies.: Quer über die Gleise. S.7-23. |
| dies. | Pawels Briefe. Eine Familiengeschichte. Limitierte Sonderausgabe. S. Fischer, Frankfurt a.M. 2001. |
| dies. | Lebensentwürfe, Zeitenbrüche. In: Süddeutsche Zeitung, 13.09.2002. S.18. |

# Sekundärliteratur

| | |
|---|---|
| Anz, Thomas | Toller, Ernst. In: Bernd Lutz (Hg.): Metzler-Autoren-Lexikon. S.782-783. |
| Arnold, Heinz Ludwig/ Meyer-Gosau, Frauke (Hg.) | Literatur in der DDR. Rückblicke. Sonderband. Edition Text+Kritik. München 1991. |
| Berendse, Gerrit-Jan | Grenz-Fallstudien. Essays zum Topos Prenzlauer Berg in der DDR-Literatur. Erich Schmidt, Berlin 1999. |
| F.A. Brockhaus GmbH (Hg.) | Brockhaus – Die Enzyklopädie. In 24 Bänden. 20., überarb. und aktualisierte Aufl. Brockhaus, Leipzig/Mannheim 1996. |
| Biermann, Wolf | Alle Lieder. Kiepenheuer und Witsch, Köln 1991. |
| Bohley, Bärbel | Das Herz der Stasi. Bärbel Bohley über den Fall Monika Maron. In: Der Spiegel. Nr. 35, 1995. S.68-72. |
| Boll, Katharina | Erinnerung und Reflexion. Retrospektive Lebenskonstruktionen im Prosawerk Monika Marons. Königshausen&Neumann, Würzburg 2002. |
| Bourdieu, Pierre | Soziologische Fragen. Suhrkamp, Frankfurt a.M. 1993. |
| Brunner, Otto/ Werner Conze/ Reinhart Koselleck (Hg.) | Geschichtliche Grundbegriffe. Historisches Lexikon zur politisch-sozialen Sprache in Deutschland. Ernst Klett, Stuttgart 1978. |
| Descartes, René | Meditationes de Prima Philosophia. Meditationen über die Erste Philosophie. Reclam, Stuttgart 1986. |
| Deppe, Jürgen | Literaturinstitut Johannes R. Becher. In: Arnold/Meyer-Gosau, S.63-72. |
| Dietrich, Kerstin | "DDR-Literatur" im Spiegel der deutsch-deutschen Literaturdebatte. "DDR-Autorinnen" neu bewertet. Peter Lang, Frankfurt a.M. 1998. |

| | |
|---|---|
| Emmerich, Wolfgang | Kleine Literaturgeschichte der DDR. Kiepenheuer, Leipzig 1996. |
| Gräbener, Kathrin Louise | Regimekritik bei Monika Maron. Hochschulschrift, Marburg 1993. |
| Grunenberg, Antonia | Ein schwieriges Gespräch. In: Monika Maron/Joseph von Westphalen: Trotzdem herzliche Grüße, S.113-130. |
| Habermas, Jürgen | Strukturwandel der Öffentlichkeit. Suhrkamp, Frankfurt a.M. 1990. Zuerst: Luchterhand, Neuwied 1962. |
| Heine, Heinrich | Deutschland. Ein Wintermärchen. Reclam, Stuttgart 1979. |
| Hölscher, Lucian | Öffentlichkeit. In: Otto Brunner/Werner Conze/ Reinhart Koselleck (Hg.): Geschichtliche Grundbegriffe, Bd.4, S.413-469. |
| Luhmann, Niklas | Soziale Systeme. Grundriß einer allgemeinen Theorie. Suhrkamp, Frankfurt a.M. 1996. Zuerst: Suhrkamp, Frankfurt a.M. 1984. |
| Lutz, Bernd (Hg.) | Metzler-Autoren-Lexikon. 2., überarb. und erw. Aufl. Metzler, Stuttgart/ Weimar 1994. |
| Mix, York-Gothart | DDR-Literatur und Zensur in der Honecker-Ära (1971-1989). Teil 1. In: Internationales Archiv für Sozialgeschichte der deutschen Literatur (IASL). Jg.23, Heft 2, 1998. |
| Mix, York-Gothart | "Unüberhörbar wie Kremlglocken". Zur inoffiziellen Zeitschriftenszene in der DDR (1979 bis 1989). In: Zwischen "Mosaik" und "Einheit". Zeitschriften in der DDR. Hg. v. Simone Barck, Martina Langermann, Siegfried Lokatis. Ch. Links, Berlin 1999. |
| Mix, York-Gothart | Vom großen Wir zum eigenen Ich. Schriftstellerisches Selbstverständnis, Kulturpolitik und Zensur im "realexistierenden Sozialismus" der DDR. In: Zensur und Kultur. Zwischen Weimarer Klassik und Weimarer Republik mit einem Ausblick bis heute. Hg. v. John A. McCarthy, Werner von der Ohe. Max Niemeyer, Tübingen 1995. |

| | |
|---|---|
| Mix, York-Gothart | Zehn Jahre deutsch-deutscher Literaturstreit. Zensur und Selbstzensur in der DDR. In: Literatur für Leser. 23.Jg., Peter Lang, 3/2000. S.188-201. |
| N.N. | Stasi-Deckname "Mitsu". In: Der Spiegel. Nr. 32, 1995.S.146-149. |
| Reich-Ranicki, Marcel | Ohne Rabatt. Über Literatur aus der DDR. Deutsche Verlags-Anstalt, Stuttgart 1991. |
| Roggemann, Herwig | Die DDR-Verfassungen. Einführung in das Verfassungsrecht der DDR. Grundlagen und neuere Entwicklung. Berlin Verlag, Berlin 1989. |
| Rossbacher, Brigitte | (Re)visions of the Past: Memory and Historiography in Monika Maron's "Stille Zeile Sechs". In: Colloquia Germanica. Internationale Zeitschrift für Germanistik. Hg. v. Theodore Fiedler. Bd 27. Francke, Tübingen, Basel 1994. |
| Seyppel, Joachim | Ich bin ein kaputter Typ. Bericht über Autoren in der DDR. Limes, Wiesbaden/München 1982. |
| Schneider, Jost | Einführung in die moderne Literaturwissenschaft. Aisthesis, Bielefeld 2000. |
| Walther, Joachim | Sicherungsbereich Literatur. Schriftsteller und Staatssicherheit in der Deutschen Demokratischen Republik. Christoph Links, Berlin 1996. |
| Wegner, Silke | "Ein wenig zärtliches Techtelmechtel...". Der Brief als Medium privater Kommunikation, Gegenstand der Veröffentlichung und Mittel des Streits. Dargestellt am Beispiel des Briefwechsels zwischen Monika Maron und Joseph von Westphalen. Hochschulschrift, Münster 1993. |
| Wichner, Ernst/Wiesner, Herbert (Hg.) | Zensur in der DDR. Geschichte, Praxis und "Ästhetik" der Behinderung von Literatur. Ausstellungsbuch. Literaturhaus, Berlin 1991. |
| Wolf, Christa | Die Dimension des Autors. Essays und Aufsätze, Reden und Gespräche 1959-1985. Hermann Luchterhand, Darmstadt/Neuwied 1987. |

www.ingramcontent.com/pod-product-compliance
Lightning Source LLC
Chambersburg PA
CBHW030829230426
43667CB00008B/1439